MW00988338

TODO PASA…
Y ESTO TAMBIÉN PASARÁ

Cómo superar las pérdidas de la vida

Martha Alicia Chávez

TODO PASA…
Y ESTO TAMBIÉN PASARÁ

Cómo superar las pérdidas de la vida

Grijalbo

Todo pasa... y esto también pasará
Cómo superar las pérdidas de la vida

Segunda edición: 2006
Tercera edición: julio, 2008
Novena reimpresión: agosto, 2011
Décima reimpresión: marzo, 2012
Undécima reimpresión: junio, 2012
Décima segunda reimpresión: octubre, 2012
Décima tercera reimpresión: octubre, 2012
Décima cuarta reimpresión: julio, 2013
Décima quinta reimpresión: septiembre, 2013
Décima sexta reimpresión: diciembre, 2013
Décima séptima reimpresión: mayo, 2014
Décima octava reimpresión: diciembre, 2014
Décima novena reimpresión: julio, 2015
Vigésima reimpresión: febrero, 2016
Vigésima primera reimpresión: agosto, 2016
Vigésima segunda reimpresión: enero, 2017
Vigésima tercera reimpresión: julio, 2017

D. R. © 2003, Martha Alicia Chávez

D. R. © 2017, derechos de edición mundiales en lengua castellana:
Penguin Random House Grupo Editorial, S. A. de C. V.
Blvd. Miguel de Cervantes Saavedra núm. 301, 1er piso,
colonia Granada, delegación Miguel Hidalgo, C. P. 11520,
Ciudad de México

www.megustaleer.com.mx

Penguin Random House Grupo Editorial apoya la protección del *copyright*.
El *copyright* estimula la creatividad, defiende la diversidad en el ámbito de las ideas y el conocimiento,
promueve la libre expresión y favorece una cultura viva. Gracias por comprar una edición autorizada
de este libro y por respetar las leyes del Derecho de Autor y *copyright*. Al hacerlo está respaldando a los autore:
y permitiendo que PRHGE continúe publicando libros para todos los lectores.

Queda prohibido bajo las sanciones establecidas por las leyes escanear, reproducir total o parcialmente esta
obra por cualquier medio o procedimiento así como la distribución de ejemplares
mediante alquiler o préstamo público sin previa autorización.
Si necesita fotocopiar o escanear algún fragmento de esta obra diríjase a CemPro
(Centro Mexicano de Protección y Fomento de los Derechos de Autor, http://www.cempro.com.mx).

ISBN: 978-970-810-500-2

Impreso en México – *Printed in Mexico*

El papel utilizado para la impresión de este libro ha sido fabricado a partir de madera procedente
de bosques y plantaciones gestionadas con los más altos estándares ambientales, garantizando
una explotación de los recursos sostenible con el medio ambiente y beneficiosa para las personas.

Penguin
Random House
Grupo Editorial

A mis amados hijos Marcia y Francisco
A los maravillosos jóvenes de todo el mundo
A la joven que un día fui y que vibra todavía en mi interior

ÍNDICE

Introducción 11

Capítulo 1. El duelo 13

Capítulo 2. ¡No puede estar sucediendo!
La resistencia a aceptar la pérdida 17

Capítulo 3. ¿Por qué a mí?
La ira por la pérdida 21

Capítulo 4. Quizá todavía es tiempo…
Negociar la pérdida 25

Capítulo 5. La noche oscura del alma
El dolor por la pérdida 29

Capítulo 6. Si hubiera… La culpa por la pérdida 37

Capítulo 7. Después de la tempestad...
La aceptación de la pérdida
La resolución del duelo 45

Capítulo 8. Lidiar con los sentimientos 55
Lidiar con el dolor.. 58
Lidiar con la ira 62
Lidiar con la culpa.. 70

Capítulo 9. Herramientas para "dejar ir" 75
1. El poder de las afirmaciones............................. 76
2. Cerrar asuntos inconclusos 81
3. Dejar ir las expectativas 92
4. Otras herramientas para sanar......................... 103

Conclusión 107

Mensaje final 109

INTRODUCCIÓN

La vida es un constante flujo, viene y va: las personas, las cosas, las situaciones, llegan para proporcionarnos toda clase de experiencias; algunas se quedan para siempre, pero otras se van inevitablemente y nos empujan a eso que todos hemos vivido de alguna manera: *la pérdida*. Esa vivencia de quedarse sin algo o alguien; la dolorosa realidad de perder un amigo, un familiar, una queridísima mascota, la salud, la pareja, la escuela, un objeto muy apreciado, la estabilidad económica, la seguridad, una parte de nosotros mismos.

La pérdida nos lleva a *contactar* con fuertes sentimientos de todo tipo, que si no sabemos manejar pueden dejar una huella profunda que contamina nuestra vida más allá de lo que nos imaginamos. Hablaremos de ellos, de cómo superarlos, de cómo andar el camino del duelo que necesariamente acompaña a la pérdida y de cómo recuperar la alegría, la confianza y la propia identidad sin eso tan apreciado que perdimos.

Conoceremos cómo algunos han salido adelante, jóvenes como tú que compartirán contigo su experiencia y te animarán a confiar en que vas a sobrevivir; en que a fin de cuentas todo pasa; en que aunque cueste trabajo entenderlo, todo es para bien; en que después de la tempestad viene la calma y que cuando algo se va de la vida siempre viene algo mejor.

Dijo un hombre sabio: "La única cosa que siempre es verdad es que todo pasa… y esto también pasará".

Dicen por ahí que el tiempo lo cura todo, y es cierto, pero a veces no es suficiente. Con frecuencia necesitamos hacer *algo más*; debemos vivir nuestro duelo, sentir lo que haya que sentir, hacer lo que haya que hacer y, en ocasiones, buscar ayuda porque no podemos solos. En los últimos capítulos encontrarás algunas opciones concretas y útiles que te ayudarán a "cerrar" tu proceso de duelo. Existe un dicho que me encanta: "Con el tiempo y un ganchito"; el ganchito es todo eso.

Comencemos pues por entender qué es el duelo y caminemos por su sendero. ¿Estás listo?

CAPÍTULO I

EL DUELO

El duelo es el conjunto de sentimientos, pensamientos, estados de ánimo, comportamientos y reacciones fisiológicas que experimentamos cuando perdemos algo importante para nosotros. Está constituido por varias etapas que es necesario enfrentar; como si fuera un camino que nos condujera a ciertos lugares por los que debemos pasar; como un viaje que nos lleva a diferentes estaciones en las que hay que detenernos hasta llegar al final, pues de no hacerlo, no podremos continuar avanzando.

El final de ese viaje, de ese camino llamado "duelo", llegará, y llegar al final significa volver a sentirse en paz, estar alegre, tener planes maravillosos para la vida, dejar de llorar, extrañar, sufrir. Sin embargo, cuando las personas no se dan la oportunidad de vivir cada etapa de su duelo, pueden pasar años, o el resto de su vida, atrapadas en esos sentimientos dolorosos y limitantes producto de su pérdida, sin llegar al final del túnel y salir de nuevo a la luz.

Tengo 35 años. A los 16 conocí a quien todavía es "el amor de mi vida". Dos años después de un hermoso noviazgo, mi novio falleció en un accidente. Aunque con la amorosa intención de ayudarme a superarlo, mi familia me hizo daño: cada vez que me veían llorar me decían que no lo hiciera, que si lloraba me enfermaría, que me aguantara y fuera fuerte. Me sacaban a distraerme, me llevaban de viaje, a fiestas, me compraban cosas para alegrarme, y hasta me consiguieron otro novio y me convencieron de que me casara con él porque así podría olvidar al otro. Yo accedí. Todavía en la actualidad sueño con mi antiguo novio varias veces por semana, lo extraño; a veces caigo en una profunda depresión que aparece en forma repentina y me limita la vida, impidiéndome incluso levantarme de la cama; siento un enorme deseo de llorar, pero no puedo hacerlo, como si tuviera enterrado en el pecho un pesado bloque de piedra construido de lágrimas retenidas durante años, como si mi cuerpo hubiera quedado programado para no dejarlas salir.

MAYRA[1]

[1] Los nombres de las personas que se presentan en todos los casos han sido cambiados para proteger su intimidad.

Como podemos ver, han pasado 17 años y Mayra todavía no se recupera de esa pérdida de su adolescencia. Un duelo dura entre seis meses y un año y medio. Sin embargo, en muchos casos como éste, se prolonga a una gran cantidad de años.

La causa es que, por alguna razón, la persona no se permite expresar sus sentimientos, como llorar, y enfrentar su coraje, su culpa y hacer las cosas que necesita hacer.

Hace tiempo acudió a consulta una señora de setenta años. Estaba muy deprimida. Comenzó a platicarme acerca de la muerte de su papá y lloraba y temblaba de una manera impresionante. Por esa fuerte reacción emocional, creí que el papá acababa de morir hacía poco y al preguntarle al respecto me dijo: "murió cuando yo tenía 18 años".

¡Quedé impresionada! ¡Estaba frente a un duelo inconcluso de 52 años!

La doctora Elisabeth Kübler-Rose, quien ha trabajado a profundidad con enfermos terminales, es quizá la pionera y quien más ha aportado al estudio del proceso del duelo y sus etapas, las cuales, según ella, son básicamente cinco:

- Negación
- Ira
- Negociación

- Dolor o depresión
- Aceptación o resolución del duelo

Es importante aclarar que dividir este proceso en etapas es sólo para comprenderlo mejor, pues no significa que una vez que terminamos una etapa entramos a la siguiente, sino que éstas se entrelazan entre sí, por lo que a veces, aunque parezca que ya hemos salido de una etapa, podemos regresar luego a ella.

Ponerle palabras a los sentimientos y los estados internos es por sí misma una labor difícil y además incompleta, puesto que nunca serán suficientes las palabras para expresar en su totalidad algo tan subjetivo como los sentimientos. No obstante, las palabras son las herramientas con las que contamos para comunicarlos, y sé, sin duda alguna, que a menudo activan un paquete completo de información en muchos niveles, debido a que son parte de la experiencia humana.

CAPÍTULO 2

¡NO PUEDE ESTAR SUCEDIENDO! LA RESISTENCIA A ACEPTAR LA PÉRDIDA

La resistencia a aceptar la pérdida se conoce como *negación* y se manifiesta de diferentes maneras. Como su nombre lo dice, se refiere a la dificultad para aceptar una realidad que nos duele, que no nos gusta, que quisiéramos que no fuera así.

¿Te ha pasado, por ejemplo, que cuando has terminado una relación con tu pareja, que tanto amas y extrañas, a veces sueñas que están juntos, que regresan o que la separación no ocurrió en realidad? Lo mismo puede suceder cuando has perdido algo valioso para ti: tu motocicleta, tu cartera, tu estéreo, y sueñas que lo encuentras o que lo tienes aún contigo. Al morir un ser querido puedes soñar que está vivo, que la supuesta muerte fue un error, mas al despertar te percatas de que sólo lo soñaste y te enfrentas con la cruda realidad, volviendo de golpe todos los sentimientos relacionados con tu pérdida.

Ésa es una forma de negación, pero existen otras. Por ejemplo, cuando no quieres reconocer que tu pérdida te duele, o que estás muy enojado, o que sientes culpa o miedo. En esos casos, estás negando los sentimientos que tu pérdida te causa porque no quieres sufrir; pero créeme, no basta con ignorar los sentimientos, siempre seguirán ahí y se manifestarán de una u otra manera. Así, si estás enojado empezarás a manejar la agresión pasiva, lo cual significa "cobrarte la que te deben" de formas indirectas que no parecen agresión, pero que sí lo son: olvidarte del cumpleaños de la persona con quien estás enojado, hacerle bromas pesadas o bromear a sus costillas para que los demás se rían, ridiculizarla, manchar "accidentalmente" su ropa o sus libros, dejarla plantada porque "se te olvidó", etcétera.

El dolor y la tristeza que no reconoces y reprimes suelen expresarse en formas alternas, como trastornos del sueño (dormir mucho o no poder dormir), trastornos en los hábitos alimenticios (comer demasiado o por ansiedad o no tener hambre), o aislarte de los amigos. A veces la manera en que los sentimientos negados y reprimidos salen es somatizándolos, lo cual significa que te enfermas físicamente.

Otro caso de negación es decir: "Ya pasó, ya no me duele, ya lo superé". O sea, cuando racionalizas o le das explicaciones lógicas al hecho; por ejemplo:

- No vale la pena sufrir por una persona así.
- Mejor que se haya ido, no me convenía esa relación.

Incluso, ciertas expresiones que en la etapa final del proceso de duelo reflejan esa paz que da haberlo superado, en la etapa de negación sólo reflejan que estás tratando de convencerte de que no está sucediendo y de que no estás sufriendo:

- Todo es para bien.
- Es la voluntad de Dios.
- Por algo pasan las cosas, es bueno para hacernos madurar y crecer.
- El sufrimiento nos fortalece.

Cuando se trata de la pérdida de la salud, es común que la persona que recibe el diagnóstico de su enfermedad manifieste dificultad para aceptarlo —su negación—, poniendo en duda los resultados: "ese doctor no sirve" o "seguramente se equivocó el laboratorio", y consulte otros doctores o solicite estudios en otros laboratorios, hasta que tiene que aceptar que el diagnóstico inicial era correcto.

La negación siempre será la primera reacción ante lo que no nos gusta de nuestra realidad, sean o no pérdidas muy dolorosas o dramáticas. Por ejemplo, cuando perdiste tus lentes. Los buscas en todos los rincones del coche, o del cajón donde los sueles guardar; no los encuentras; los vuelves a buscar una y otra vez, 5, 10, 15 veces en los mismos lugares hasta que llegas a convencerte: ¡¡¡no están, se perdieron, se fueron!!! y después de aceptar tu realidad, vienen los sentimientos de culpa, enojo y tristeza.

Por lo tanto, para avanzar en el proceso de duelo, es necesario dejar la negación a un lado, aunque resulte tentador quedarnos ahí, puesto que no soluciona nada y sí complica más las cosas. Tarde o temprano esos sentimientos que negamos y esas realidades que no queremos ver serán tan grandes que TENDREMOS que verlos: ya no podrán seguir ocultándose, ya no podremos seguirlos reprimiendo, y resultará más doloroso y más difícil, aunque nunca imposible, llegar al final del camino.

En mi experiencia de catorce años como psicoterapeuta he conocido muy de cerca los estragos que causa la negación en la vida. Si la negación sirviera para resolver los problemas, me especializaría en ayudar a la gente a construir y fortalecer sus mecanismos de negación, en encontrar formas de disfrazar la realidad y autoengañarse. Pero hago exactamente lo contrario porque estoy convencida de la importancia de reconocer la verdad para poder sanarnos y vivir felices y en paz.

CAPÍTULO 3

¿POR QUÉ A MÍ?
LA IRA POR LA PÉRDIDA

- ¡No me merezco esto!
- ¡Hay tanta gente mala en el mundo y a ellos sólo les pasan cosas buenas!
- ¡Dios, ¿por qué a veces eres tan cruel?! ¡Me tienes que compensar lo que me quitaste!
- ¡Malditos doctores, por su culpa y su ineficiencia murió!
- ¡Tú te mueres y te vas muy a gusto, y me dejas aquí sufriendo!
- ¡Por qué fuiste tan irresponsable de fumar toda la vida y ahora te enfermas y te vas a morir por eso!
- ¡Vas a pagar por esto!
- ¡Por su culpa perdí mis lentes!

- ¡Ojalá nunca seas feliz por lo que me hiciste!
- ¡Qué tonto fui!

Todas estas expresiones reflejan la rabia y la indignación que en alguna medida sentimos cuando perdemos algo o a alguien.

La ira es un sentimiento muy difícil de reconocer porque es muy "mal visto" socialmente. Desde niños se nos enseña que enojarnos está mal, y en lugar de enseñarnos a manejar y canalizar nuestro enojo, se nos rechaza, regaña, golpea o desaprueba cada vez que lo mostramos.

En el proceso de duelo, la ira es una parte muy difícil de afrontar, pues nos sentimos culpables al estar enojados con Dios, con el ser amado que se muere y nos deja, con nosotros mismos, con el buen doctor que hizo todo lo que pudo, con la vida, con la pareja que tanto amamos y nos deja, o con el amigo que culpamos de nuestra pérdida. En ese momento buscamos culpables, necesitamos encarnar en alguien nuestra impotencia, frustración y rabia por lo que perdimos.

Mi papá murió cuando yo tenía catorce años. Tuvo un paro cardiaco, dijeron los doctores que por tanto estrés en su forma de vida, aunado a que siempre fumó mucho y se alimentó muy mal. Me sentí muy desamparada y con un miedo horrible por el futuro. Además, no teníamos casa propia y pagábamos renta; mi mamá nunca había trabajado y mi hermano mayor estaba apenas en primer semestre

22

de la carrera de administración de empresas. Después de unos días del funeral, mi tristeza y mi miedo se transformaron en un coraje bárbaro hacia mi papá. Pensaba que había sido un irresponsable porque nunca se preocupó por comprar una casa, por haber fumado tanto sin importarle que podía morirse y dejarnos como lo hizo, con tantos problemas; él ya estaba muy cómodo liberado de problemas, y con su muerte, se había quitado de encima todas sus responsabilidades hacia nosotros que éramos su familia. También tenía mucho coraje con Dios. Le reclamaba que si existía, seguramente era malo, puesto que nos había quitado a mi papá. Luego de un rato de reprocharles a Dios y a mi papá en mi mente, me sentía tan culpable y tan mala que les pedía perdón a los dos llorando, pero un día o dos después volvía a sentir todo ese coraje contra ellos y volvía a reclamarles, y otra vez sentía mucha culpa. Poco a poco fui aceptando y teniendo paz. Ahora sé que de eso aprendí algo muy importante: que cada uno somos responsables de lo que nos pasa porque Dios nunca obligó a mi papá a fumar, a alimentarse tan mal y a vivir tan estresado; ésa fue su decisión, por lo que yo ahora trato, lo más que puedo, de vivir una vida sana.

LUISA

A la mayoría de las personas les es prácticamente inaceptable reconocer que sienten y piensan como Luisa; sienten una gran culpa cuando eso sucede, pero es un paso necesario para seguir adelante en el proceso. Por fortuna, hay formas sanas y efectivas de procesar esos sentimientos, de los cuales hablaremos más adelante.

CAPÍTULO 4

QUIZÁ TODAVÍA ES TIEMPO...
NEGOCIAR LA PÉRDIDA

Seguramente alguna vez has negociado con alguien; por ejemplo, con tus papás:

- No salgo hoy, pero el próximo sábado me dejan llegar más tarde.

O quizá con un amigo:

- Tú me haces el paro en esto y yo te hago el paro en aquello.

A veces puedes negociar con un vendedor:

- Le doy cien pesos por eso, en lugar de los ciento veinte que me pide.

También puedes intentar hacerlo con Dios:

- Si lo curas, te prometo que iré a misa todos los días durante un año.
- Si me devuelves a mi pareja, dejaré de fumar.
- Si me ayudas a encontrar mi cartera, no vuelvo a mentirle a mis papás.
- Voy a aceptar tu voluntad, pero a cambio dame esto.

Asimismo, se intenta negociar con la persona o personas involucradas en nuestra pérdida:

- No me dejes. Si te quedas a mi lado, te prometo que voy a cambiar.
- Si tú aceptas ir a terapia antes de decidir terminar, yo también iré.
- Habla con él, convéncelo de esto, y yo haré esto otro por ti.
- Doctor, usted cúrelo y yo lo recomendaré por el resto de mi vida.

La razón profunda que nos mueve a negociar es que todavía tenemos expectativas de que podemos evitar nuestra pérdida o corregir su rumbo. Hacemos todos los intentos, "quemamos todos los cartuchos", hasta que la cruda realidad nos coloca con firmeza con los pies sobre la tierra: "¡se acabó!", "¡se perdió!", "¡se murió!", "¡ya no hay solución posible!". Vemos la realidad con claridad, nos damos cuenta de que ya no podemos cambiar nada: lo que es, es; sólo nos queda seguir adelante, debemos proseguir, permitirnos llegar a la siguiente estación: la tristeza profunda, el dolor, la triste y amarga realidad.

Tengo 19 años. Hace un año que mi padre le comunicó a mi madre que estaba enamorado de otra mujer, que tenían un hijo y se iría a vivir con ella. Mi madre y yo le pedimos que no se fuera, pero él estaba decidido. Decía que no era feliz con mi mamá, que amaba a la otra; trató de consolarme diciéndome que nunca lo perdería como padre, que siempre lo seguiría viendo, que contaría con él toda la vida, que la única diferencia era que viviría fuera de casa. Empecé a hablar con Dios. Honestamente, no creo mucho en él, pero por mi desesperación decidí hacerlo; le prometí que me acercaría a la Iglesia si me hacía el paro y mi papá cambiaba de opinión y se quedaba en casa. Le prometí a mi padre que sacaría mejores calificaciones y me portaría mejor, que hasta podría conseguir un trabajo para ayudarle a mantenernos a mi madre, a mis hermanos y a mí. Cada día pensaba qué podría hacer para que mi padre no se fuera, y cada ofrecimiento que hacía a Dios o a mis padres, me daba la esperanza de que tal vez ése fuera el efectivo para lograr lo que tanto deseaba. Hasta que un día me enseñaron la sentencia de divorcio y dos días después vi a mi papá salir de la casa con cajas y maletas. Ésa era la cruel realidad. Fue como un bloque de concreto que me cayó encima, como una estaca que se me clavó en el cora-

zón. Ahora han pasado varios meses y me siento mejor,
me divierto con mis amigos y tengo planes muy padres
para mi vida. Lo que me agüita es ver a mi mamá triste.
Ha empezado a ir con una psicóloga y dice que le está sir-
viendo mucho. Ahí la llevamos…

CARLOS

Al igual que Carlos, intentamos negociar porque suponemos que podemos tener control sobre lo que está
sucediendo, cambiar las cosas o hacer que el otro cambie de opinión; la verdad es que cuando la pérdida es
un hecho, lo que ofrecemos al negociar ya no puede
cambiar el rumbo, la decisión del otro o las circunstancias; lo mejor que podemos hacer entonces es aceptar
la realidad y seguir adelante.

CAPÍTULO 5

LA NOCHE OSCURA DEL ALMA
EL DOLOR POR LA PÉRDIDA

Tanto Sor Juana Inés de la Cruz como San Juan de la Cruz se refirieron a "la noche oscura del alma" como ese estado de profundo dolor y desolación que casi todos en algún momento de la vida experimentamos. Las grandes pérdidas nos muestran esa noche oscura, en la cual no encontramos consuelo, no tenemos esperanza, no vemos soluciones, ni respuestas, ni puertas de salida; en la que se está muriendo una parte nuestra, y esa muerte interior desgarra el cuerpo y el alma. Si sabemos vivir esa noche oscura, resurgiremos fortalecidos, sabios y luminosos. En el Capítulo 8 (en la parte de "Lidiar con el dolor"), hablaremos más profundamente de cómo saber vivirla.

La pérdida provoca dolor. Tal vez te sientas tentado a retroceder, a intentar de nuevo negar la realidad o volver a la etapa de la ira; después de todo, la ira no es tan dolorosa, porque al menos con ella te sientes fuerte, quizás hasta poderoso; en cambio, la tristeza te vuelve ¡tan vulnerable, tan pequeño, tan indefenso!

Muchas personas se aferran a su ira, construyen con ella una fortaleza y se quedan ahí, convirtiéndose en seres amargados, enojados con la vida, incapaces de sonreír y disfrutar, encontrando siempre una razón para quejarse y agredir. Van por la vida sintiéndose víctimas de ella, sintiendo que se les debe algo y que alguien tiene que pagar por eso. Atrás de esa actitud hay un profundo dolor contenido, un dolor que no se atreven a enfrentar por miedo a sufrir. Lo paradójico es que de todas maneras, aunque no lo parezca, esas personas amargadas sufren, y mucho, no sólo por su amargura y su ira —que tarde o temprano se convierten en odio—, sino por el rechazo y el desamor que éstas les generan.

Una de las razones que mueven a la gente a aferrarse con tanta obstinación a su odio es porque tienen la sensación de que, tan pronto dejen de odiar, se verán obligados a tratar con su dolor.

BALDWIN

No obstante, lo mejor es continuar, dejar que llegue el dolor, el llanto, la desilusión. Después de todo nunca estás solo en esto; después de todo las lágrimas purifican y el dolor te muestra espacios maravillosos y hasta entonces desconocidos, de ti mismo; después de todo a nadie le llega más de lo que puede soportar; después de todo ¡esto también pasará!

Existe la creencia errónea de que no debemos llorar, de que hace daño, pero ocurre precisamente todo lo contrario: *lo que hace daño es reprimir el llanto*. Recuerda que los sentimientos buscan salidas sustitutas si no los dejamos salir de forma natural.

Los seres humanos estamos tan bien hechos, que siempre tenemos juntos "el remedio y el trapito"; todo problema viene con su propia solución. Por ejemplo, cuando tenemos un *shock* o desequilibrio emocional, que en este caso lo llamamos tristeza o dolor, de forma automática se nos disparan unas enormes ganas de llorar. Y ¿sabes por qué?, porque al llorar, suspirar y gemir, desechamos gran cantidad de sustancias tóxicas que se generan en nuestro cuerpo como producto de ese *shock* emocional. Por eso, después de un buen llanto nos sentimos relajados, en paz, más motivados.

Pero, ¡claro!, como suele suceder con frecuencia, a alguien se le ocurrió que es malo llorar; se atrevió a afirmar que el Poder Superior que nos creó (como quiera que tú le llames o lo concibas) se equivocó y nos hizo imperfectos. Nos han vendido esa idea y la hemos comprado. ¡Deséchala! ¡Es falsa! Llorar hace bien, no perjudica, *lo que hace daño es reprimir el llanto*.

Por otra parte, se nos ha dicho que llorar es de gente débil. La verdad es que para *contactar* los sentimientos debemos ser valientes; los débiles son los que no se atreven a llorar, a reconocer el dolor, o cualquier otro sentimiento desagradable. Sentir es para personas valientes.

Lucía comparte con nosotros una experiencia que muestra con claridad la importancia de no reprimir el llanto, pues el hecho de inhibirlo nos enferma casi en forma instantánea y, con el paso del tiempo, provoca verdaderos problemas, como le sucedió a Mayra (*véase* Capítulo 1):

Hace unos meses conocí en un viaje a un muchacho que me fascinó. Nos flechamos a primera vista. Él iba con sus amigos y yo con las mías. Viajamos en grupo un tiempo y fueron los días más felices de mi vida. Me acabé tres rollos sacando fotos en esos hermosos lugares y con esos grandes amigos y amigas. Cuando regresé a casa, mandé los rollos a revelar. El día que los recogí casi me da un ataque, no salió ninguna foto y yo era la única que había llevado cámara; iba con mi mamá. Me puse a llorar de coraje, tristeza y frustración. Mi mamá me calló de inmediato y me dijo que cómo era posible que llorara por eso, que era una tonta, que no valoraba la vida porque había gente que de veras tenía razones para llorar.

Guardé silencio, pero tenía un horrible nudo en la garganta. Mi mamá prácticamente me espió durante todo ese día y los siguientes, y me decía que no me permitiría hacer esos teatros de llorar por una tontería. Me sentía con el pe-

cho oprimido y la garganta cerrada, no tenía ganas de comer, todo el tiempo me dolía la cabeza, me sentía muy triste y no podía dormir bien, pero por supuesto, no se lo decía a mi mamá para evitarme más regaños.

Por fortuna, una amiga de ella que lee y sabe mucho, le dijo que estaba cometiendo un gran error, que esa pérdida para ella no era importante, pero para mí sí, y mucho, que respetara mi dolor y me dejara llorar y lamentarme todo lo que quisiera, pues de otra manera me haría daño. Mi mamá confiaba mucho en ella y le hizo caso. Fue impresionante lo bien que me empecé a sentir cuando lloré por varios días hasta que ya no tuve ganas. Ahora, todavía me duele, pero ni modo, ya lo acepté, ¿qué otra me queda?

LUCÍA

Es importante comentar que los sentimientos, parte fundamental de nuestra condición humana, tienen ciertas características que vale la pena conocer:

- Son universales. Todos los seres humanos los tenemos.
- Son subjetivos. Como experiencias internas que son, resulta muy difícil comprender del todo cómo los vive otra persona. Es decir, la forma en que tú vives la tristeza, aunque en el fondo es igual a la manera en que yo la vivo, tiene algunos matices diferentes.
- Son neutros. No son buenos ni malos, simplemente son parte natural de la vida.

- Son transitorios —¡qué buena noticia!—. Algún día pasan.

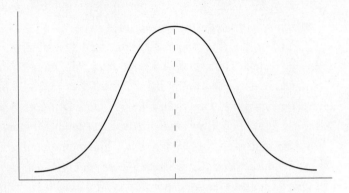

La curva en la parte superior muestra el proceso natural de un sentimiento que se deja fluir con libertad: inicia, llega a su clímax y se diluye por sí mismo. Sin embargo, si se evade, si se le impide llegar al clímax, se complica y el tiempo para que se diluya se alarga (si es que algún día lo hace), como le sucedió a las mujeres cuyos casos mostré en el Capítulo 1.

¡Existen tantas formas en que evadimos nuestros sentimientos! Por ejemplo:

- Reprimiéndolos: no los dejamos salir.
- Proyectándolos en otros, atribuyéndolos a otros o diciendo: "tú me haces enojar", "tú me causas dolor".
- Racionalizándolos: dando justificaciones lógicas para no experimentarlos: "yo soy fuerte, llorar es de débiles", "no vale la pena enojarse por eso".

- Negándolos: "no me duele", "no pasa nada, todo está bien".
- Evadiéndolos directamente: cada vez que empiezan a surgir, nos distraemos de una y mil formas para alejarlos: hablando por teléfono, encendiendo un cigarro, cambiando de tema, saliendo de compras, trabajando sin descanso, comiendo, bebiendo, etcétera.

Más adelante hablaremos de algunas alternativas sanas para manejar y procesar los sentimientos. Si los sentimientos son parte de la vida, si el resto de nuestra existencia los seguiremos experimentando, entonces vale la pena aprender a relacionarnos con ellos.

CAPÍTULO 6

SI HUBIERA…
LA CULPA POR LA PÉRDIDA

Prácticamente en todas las etapas del duelo habrá momentos en los que te sentirás culpable. Cuando alguien se muere, sientes que pudiste haber hecho algo para impedirlo; cuando alguien te abandona, sientes que no fuiste lo suficientemente "adecuado" como para que quisiera quedarse contigo; cuando pierdes algo, sientes que pudiste haberlo evitado: "si hubieras…". También sentirás culpa por todo aquello que no dijiste, o por lo que dijiste; por lo que hiciste o dejaste de hacer.

Ten cuidado con la culpa, porque te sentirás tan mal —¡puede llegar a ser un sentimiento tan intolerable!— que de forma inconsciente harás cosas para compensarla a través del autocastigo y el autosabotaje, por ejemplo:

- Causándote accidentes o golpes "involuntarios".
- Permitiendo que te agredan o abusen de ti.
- Echándote a perder las cosas buenas que te da la vida, como una buena relación de pareja, un buen trabajo, o impidiéndote a ti mismo disfrutar y divertirte.
- Tratándote mal a ti mismo.
- Provocándote dolores o enfermedades.

Por supuesto, esto no significa que de manera intencional y consciente decidas autocastigarte o autosabotearte; es una respuesta inconsciente de compensación: si sientes que "debes algo", sientes que tienes que pagar por eso.

Cuando murió mi hermano menor hace tres años, me sentí muy culpable porque siempre lo molestaba y lo agredía. Yo tenía 18 años y el 15 cuando falleció de leucemia. Después de su muerte me volví amargado y antisocial; me caía mal toda la gente y la vida; no me interesaba salir con mis amigos ni divertirme, me pasaba los fines de semana echado en la cama viendo televisión y peleando por teléfono con mi novia, porque ni siquiera quería verla. Ella, al igual que mis amigos, se portaban muy buena onda, me llamaban, me visitaban, me ofrecían su apoyo, me invita-

ban a salir, pero yo a veces ni siquiera les contestaba la llamada, me caían mal todos.

Había ahorrado dinero y había luchado mucho por un viaje que quería hacer al terminar la prepa, pero seguí sin hacer nada, perdí el anticipo que di, perdí la oportunidad y no me importó; nada me interesaba.

Así estuve durante ocho meses, hasta que mi tío llegó un día y me dijo: "Yo creo que quieres ser solidario con tu hermano y sientes que si él sufrió tanto en su enfermedad y murió, tú no tienes derecho a disfrutar la vida. Sin embargo, si sigues así, pronto nadie va a querer estar contigo y no creo que tu hermano quiera verte infeliz y amargado, como muerto en vida, sino feliz y vivo".

Sentí mucho coraje contra mi tío y lo corrí de mi recámara diciéndole que él qué sabía. Me quedé llorando y gimiendo casi a gritos durante horas, pues sabía que tenía razón y que sus palabras me destaparon algo que tenía atorado. Durante esas horas de llanto y lamentos hablé mucho con mi hermano muerto, le pedí perdón por todo lo que le hice, por no haberlo cuidado en su enfermedad, por estar vivo y él muerto, y le pedí que me ayudara a salir adelante y volver a la vida. Con este "estrujón", mi tío me ayudó muchísimo a volver al mundo de los vivos.

ALBERTO

En esta experiencia, observamos cómo se autocastiga Alberto debido a que, según su propia opinión, no fue "buen hermano". No obstante, también se advierte con claridad otro matiz de la culpa: "la culpa del sobreviviente", la cual experimentan, por ejemplo, los que sobreviven a un accidente, sobre todo si quienes murieron eran sus amigos o seres queridos: "¿por qué tú moriste y yo estoy vivo?". Asimismo, la sienten aquellos que perdieron a un hermano menor o mayor, aunque haya sido por un aborto. Incluso cuando el incidente haya ocurrido durante la infancia, y ni siquiera se esté enterado conscientemente del hecho, el sobreviviente experimentará esa culpa por estar vivo.

Para entender esta realidad es necesario recordar que a pesar de que los padres no digan con palabras algunos sucesos familiares, los hijos en forma inconsciente siempre lo saben. Son los famosos "secretos familiares" que tanto daño hacen a las personas que integran ese sistema familiar, porque aunque en un nivel de comunicación —el nivel consciente, el de las palabras— se da un determinado mensaje (o se calla ese mensaje), en otro nivel de comunicación —el nivel inconsciente— se da un mensaje contradictorio (el verdadero), que es inevitable transmitir, ya que no tenemos control sobre el inconsciente y a veces ni siquiera sabemos que existe.

La persona que recibe el mensaje queda en una situación intolerable, inconsciente, que traducida en palabras sería: "¿a qué le hago caso: a lo que siento o a lo que me dicen?, ¿cuál es la verdad?". Por eso los "secretos familiares" dañan tanto, pues enferman, confunden, angustian y perpetúan la repetición de esos patrones secretos que no queremos sacar a la luz.

Quienes tienen esta "culpa del sobreviviente" sienten que no merecen nada, les cuesta mucho recibir y proporcionarse cosas buenas y situaciones agradables.

Por suerte, existen formas efectivas para superar la culpa y llegar al autoperdón, que nos pueden abrir la puerta hacia todo lo bueno de la vida.

En el siguiente testimonio que Ana comparte con nosotros, podemos ver con claridad el paso por todas las etapas y sentimientos que hasta ahora hemos comentado como parte necesaria de un duelo, desde la negación o resistencia a aceptar una realidad hasta la culpa, la ira y el dolor:

Tenía catorce años cuando mis padres decidieron separarse; todavía me cuesta trabajo hacerme a la idea de que ya han pasado cinco años... Aún me acuerdo de todo como si hubieran transcurrido apenas unos meses. Mi papá trabajaba casi todo el día, lo veía sólo en las mañanas cuando nos llevaba a la escuela, a la hora de comer y en algunas ocasiones en las noches, ya que no siempre podía aguantar despierta para esperarlo. Un fin de semana nos comentaron a mis tres hermanos y a mí que mi papá iba a llegar temprano del trabajo porque quería platicar con nosotros; yo estaba emocionada: estaríamos juntos más tiempo. En la tarde, cuando llegó, nos sentamos todos en la sala; estaba serio, pero no sospeché nada. Ahora que reconstruyo los hechos en mi mente, todo se me hace muy obvio y había estado muy claro desde meses antes, y me doy cuenta de que formé un escudo contra todos los pensamientos que me despertaran sospechas de lo que estaba ocurriendo con res-

pecto a mi familia. Ésa fue, y a veces sigue siendo, mi forma de "protegerme".

Estábamos todos juntos, repartidos en los equipales, con excepción de mi hermano más pequeño; no habíamos dicho mucho cuando, entre queriendo y no, escuché: "Nos vamos a separar por un tiempo"… Callamos unos segundos, pero recuerdo bien ese instante: no sé si esperaba que el mensaje entrara en mi cabeza o me resistía a creer que lo había escuchado; no dije nada. Uno de mis hermanos gritó "¡no!", interrumpiendo el silencio. Eso fue lo que desató el drama familiar; esa noche lloramos sin parar, mis papás trataban de convencernos. "No es definitivo", decían, y que tal vez así estaríamos más tiempo juntos. Decidieron que mi papá se quedaría una semana más en la casa; ahora no sé si hubiera preferido que fuera menos tiempo: esa semana fue un martirio, veía a mi papá llegar del trabajo y sentarse a la mesa a platicar como si nada estuviera pasando. Mis padres no discutían ni había algún comentario sobre el tema. En cambio, yo me empeñé en crearme a mí misma una tragedia; me dolía mucho pensar que sería la última semana que comeríamos juntos como una "familia", por lo menos, yo insistía en verlo así; aunque dolía, me torturaba sumergiéndome hasta el fondo en cada idea que pasaba por mi mente… Quería creer que el mundo se me caía encima, e inconscientemente hacía cosas que provocaban lástima y, por consiguiente, lastimaban.

Era difícil aceptar lo que estaba pasando; a veces me despertaba esperando que las cosas cambiaran. Días antes, al verme triste, mi mamá se acercó a preguntar qué ocurría, y yo le contesté con otra pregunta: "¿Verdad que mi papá y tú nunca se van a divorciar?"; ella me respondió:

"Nunca vas a dejar de tenernos a los dos". Sus palabras, aunque poco concretas, me tranquilizaron; por el momento me consolaba con lo que podía y trataba de que la idea de la separación no me hostigara. El día que me enteré fue como una pesadilla; me daba tanto miedo hacerme a la idea que creía que no lo iba a superar. Se presentaron muchos cambios en mi vida; todo llegó en una edad muy difícil; culpaba a la separación de mis padres por cada error que cometía; en algunos aspectos, hacia hincapié en mi sufrimiento, pero cuando realmente dolía lo enmascaraba con la rebeldía.

Pasó el tiempo. El primer cumpleaños después de que mi padre ya no vivía con nosotros ha sido el peor hasta ahora. Siempre he hecho un esfuerzo por no involucrar a mis padres en mis problemas, y ese día aparenté que no me afectaba la presencia de mi padre; insistía en disimular lo que sentía, pero lo veía ahí sentado a la mesa —como antes lo solía hacer todos los días—, y me esforzaba por no dejar caer mis lágrimas; sabía que todos también se esforzaban, y eso hacía más difícil soportar la situación. En la Navidad fue igual, si no es que más doloroso; recuerdo esos instantes más que otros; aún me duele pensar que fui egoísta, sobre todo con mi mamá al agregar a su dolor el mío. Conforme voy creciendo me doy cuenta de más cosas y voy entendiendo las que van pasando; más bien, pasan cuando las entiendo. Las pérdidas nunca son fáciles, a veces son para bien, otras para mal, es relativo, y cada quien decide la forma en que quiere vivir cada situación; sea positiva o negativa, siempre representa un cambio.

Cuando mis padres se separaron hubo una pérdida invaluable en mi familia, que, incluso tras cinco años, no me atrevo a juzgar si fue para bien o para mal; lo que después de tanto tiempo entendí es que, aunque no tengo a mi papá tan cerca como quisiera, no lo he perdido; prefiero agradecer que tengo una familia que se ama y que aunque no es tan armónica como quisiera no deja de estar unida.

ANA

CAPÍTULO 7

DESPUÉS DE LA TEMPESTAD…
LA ACEPTACIÓN DE LA PÉRDIDA
LA RESOLUCIÓN DEL DUELO

"Después de la tempestad viene la calma". Una vez que has sentido, expresado y hecho todo lo que necesitaste sentir, expresar y hacer, entrarás en esta etapa. Hay signos muy claros para saber que estás llegando al final de ese camino llamado duelo:

- Piensas mucho menos en el suceso que viviste, incluso pueden pasar días y semanas sin que lo recuerdes.
- De nuevo tienes ganas de divertirte, conocer nuevas personas, salir y hacer todo tipo de actividades que te gustan.

- Ya no sientes ganas de llorar (o sientes menos).

- Ya no tienes la misma reacción emocional de tristeza, culpa, coraje o nostalgia cuando escuchas hablar de esa persona o cuando recuerdas el hecho.

- Piensas más en el presente y en el futuro que en el pasado, y tienes planes y proyectos para tu vida.

- Estás abierto a encontrar una nueva pareja, nuevos amigos, una nueva forma de vivir.

- Asumes tu parte de responsabilidad cuando la pérdida fue la consecuencia de haber actuado de forma inadecuada.

- Tienes paz interior y empiezas a encontrar el lado bueno de lo que te pasó: "gracias a esto maduré y aprendí estas cosas; conocí nuevas personas; viví nuevas experiencias".

- Sientes que la vida sigue y debes fluir con ella; dejas que te traiga todo lo nuevo y maravilloso, que siempre llega cuando has aprendido una lección.

- Sufriste... tal vez mucho... pero ganaste igual.

Sobre todo, *recobras tu propia identidad sin lo que perdiste y con lo que ganaste*. Sigues siendo tú mismo, pero ahora más sabio, más maduro, con mayor capacidad de ser feliz y con todas esas valiosas recompensas que siempre traen como regalo las experiencias de pérdida. La vida te quitó algo; no obstante, te lo regresa multiplicado.

En la etapa de aceptación algunas hermosas frases dejan de ser palabras y se convierten en verdades, en convicciones profundas que redimen el alma y curan las heridas del corazón: "todo lo que pasa es para bien", "la vida es perfecta tal como es", "hay que seguir adelante", "todo pasa… ¡y esto también pasó!".

Sin embargo, como ya lo comentamos, muchas personas no llegan a esta etapa del camino debido a que se quedan atoradas en otra, no se permiten vivir, sentir y hacer lo que es necesario para seguir adelante. ¡Es tan importante darse permiso! Por eso, en el siguiente capítulo te ofrezco algunas alternativas útiles, fáciles, concretas y efectivas que te ayudarán a llegar victorioso a esta última etapa de aceptación y recibir de la vida las recompensas que por derecho te corresponden, así como, en especial, curar tu herida, en lugar de ir cargando con ella por la vida.

Curar la herida no significa olvidar. Es un error suponer que al superar algo lo vamos a olvidar. No es así, lo recordaremos toda la vida, pero sin carga emocional, sin sufrimiento. Es como cuando una herida física, que en un momento dado estuvo abierta, inflamada, infectada, sana y se convierte en cicatriz. La cicatriz es el recuerdo perenne de que aquello pasó, mas ya no duele como cuando estaba la herida abierta. Si tienes una cicatriz en tu cuerpo sabrás que si la tallas te molesta un poco, pero no te duele. Así son las cicatrices de la vida.

El caso de Victoria es un buen ejemplo de un duelo superado, de alguien que experimentó toda la realidad de su pérdida y llegó al final, aprendió, maduró y, como el ave fénix, resurgió de entre sus cenizas:

Hasta tercero de secundaria, creía que los límites de los sueños y el mundo se reducían al que había sido mi colegio toda la vida. Compañero silente y testigo constante, tanto mío como de mis papás, que siempre estuvieron muy comprometidos con él. Era una historia de logros y satisfacciones: el mejor promedio, buena relación con maestros, amigas y religiosas, ¡no podía pedir más!...

En coincidencia con mi entrada a la secundaria, llegó al colegio una monja con la que desde el primer momento tuve problemas; aparentaba una actitud juvenil y cercanía con nosotras, pero siempre sentí que había algo de falso en ella. Hubo un sinnúmero de desacuerdos, la tensión era creciente y los enfrentamientos, constantes.

En esos días apareció en el salón un anuario sin dueña y, como entretenimiento, empezamos a rayarlo por todas partes, hasta llenarlo completamente. Pasaba de mano en mano, casi todas hicimos nuestra aportaciones... Escribíamos cualquier cantidad de tonterías y nos divertíamos muchísimo. La página donde venía la monja seguía en blanco, después de todo teníamos cierto respeto por la autoridad que representaba.

No tardaron en comenzar las voces de reto de mis compañeras que me decían: "A que no te atreves a rayarlo". Y mi respuesta fue demostrar que me atrevía a todo, y más tratándose de ella. Le dediqué sendas líneas donde ventilé un tema delicado que era secreto a voces en los pasillos del colegio: su supuesto lesbianismo. Me lucí, y escribí sin medias tintas.

El anuario fue la diversión de muchos días, nos sentíamos tan orgullosas de nuestra edición especial, que pusimos en la última hoja la lista de colaboradoras que lo habíamos hecho.

Un viernes, cuando estaba circulando como de costumbre, nos lo quitó una de las maestras (con obvio preconocimiento de su existencia) y lo llevó de inmediato a la Madre Superiora. Tratamos de pensar qué pasaría ahora que lo tenían en sus manos; "¡nos van a poner una regañadota!", fue el pensamiento más pesimista que tuvimos.

Pasó el fin de semana, mis papás se enteraron de todo porque la noticia se divulgó muy rápido. El lunes fui a clases y como recibimiento tuvimos la lectura de una lista de nombres (la de la última página del anuario), donde se nos requería ir a la biblioteca. Éramos once. Fuimos asustadas, algo malo pasaba, pero no me imaginé qué tan malo. Estuvimos ahí, sin mayor explicación, obligadas a guardar absoluto silencio entre nosotras y con las demás personas, sin poder salir y con una horrible incertidumbre. Nos fueron llamando una por una a la dirección. Fue como declarar ante un juez: la Superiora, con libreta en mano, anotaba el testimonio de cada una. Llegamos inevitablemente a lo que rayé yo y me preguntó a gritos: "¿Te consta?". No me constaba, ¡claro!, y dijo que estábamos en serios problemas, que nos podían demandar porque aquello se llamaba difamación y era un delito de tipo federal. Me lo creí y me moría de miedo, ¡una delincuente! Llegó la ansiada hora de salida y mi mamá llegó de lo más tranquila, pensando en *aquello de* no news, good news. *Ahí empezó la pesadilla que tardó mucho tiempo en irse*.

Al día siguiente nos pidieron que no nos presentáramos a clases; los papás serían citados y se dijo que esa tarde se tomaría una determinación, la cual llegó en forma de una carta que tuve que firmar: expulsión definitiva. El impacto fue tremendo, ¡no podía creerlo!, quería pedir perdón, hubiera hecho cualquier cosa por tener una segunda oportunidad, ¡el colegio era mi vida! Fue igual de difícil para toda la familia y a pesar de que les dolía tanto como a mí, me apoyaron siempre, lo cual fue importantísimo para salir adelante.

Con una enorme tristeza a cuestas, nos dimos a la tarea de buscar otra escuela, para no perder el año. Encontramos una que finalmente me abrió sus puertas, lo cual agradeceré toda la vida. La situación académica estaba resuelta, mas el golpe emocional era muy grande: de repente me quedé sin colegio, sin autoestima, sin tranquilidad, sin amigas —porque cuando las cosas se pusieron feas, aquellas que nos apoyaban desaparecieron— y sin motivación.

La vida seguía, pero al menos durante el año siguiente dejé que me pasara por un lado: no hablaba con mis compañeros nuevos; por supuesto, no hice nuevos amigos, cumplía con lo indispensable, reprobé materias, y me volví terriblemente insegura.

Llegó la prepa y con ella una nueva escuela, donde poco a poco y gracias al ambiente de libertad, pude reencontrarme con la parte de mí que se me había perdido. Hoy no soy igual. Pero soy mejor. Conocí el mundo que estaba oculto detrás del entorno rosa de mi primer colegio: supe de las luchas de mi América Latina, de la solidaridad y la *importancia de trascender en este mundo que me esperaba con los brazos abiertos.*

Volví a tener logros, amigos, a quererme, a creer en mí, a pensar que era valiosa y podía llegar a realizar cosas grandes. He tocado un cielo que, estoy segura, nunca hubiera encontrado en la vida light de aquel colegio.

Como epílogo de esta historia, me encontré a la monja hace poco. Esperé "el momento" durante años, quería vengarme, pero de pronto me di cuenta de que había ganado muchísimo. La enfrenté y, ante su indiferencia, le dije algo que no planeaba, y me salió del alma: "A cuatro años de distancia, quiero que sepas que soy una gran persona, una gran mujer de la que Santa Teresa estaría orgullosa. Qué lástima que nunca vayas a poder decir lo mismo". Y con eso, terminé de cerrar esta etapa; el ansiado punto final fue muy liberador…

Creí que la vida me había quitado todo, pero hoy sé que con esta experiencia me dio el mejor regalo y la más grande de las bendiciones.

VICTORIA

Las alternativas para convertir la herida en cicatriz, que te ofrezco más adelante, son sólo una guía; cuando se trata de seres humanos, jamás podremos hablar de recetas inflexibles y aplicables a TODOS. Por eso te pido: toma lo que te sirva, lo que vaya contigo; haz todos los ajustes que quieras, agrégale, quítale o modifícale como te dicte tu propia guía interior. Confía en que eres mucho más sabio de lo que crees.

Utilizaremos diversos símbolos y rituales porque éstos tienen un impacto muy profundo y efectivo en todo proceso de cambio. La vida está llena de ellos y pueden provocar cambios rápidos, profundos, reales y permanentes.

El doctor Carl G. Jung, quien hizo importantes contribuciones para entender el papel del inconsciente en la vida de los seres humanos,

> [...] sostenía que los símbolos expresan lo que es difícil de comunicar en otras formas o lo que no puede expresarse fácilmente, porque muchas cosas están fuera del dominio de nuestro conocimiento y en el intento de ser racionales, a menudo ignoramos los requerimientos más primitivos y esenciales de nuestra naturaleza; las prácticas simbólicas satisfacen estos requerimientos. [...] Jung sostenía que los símbolos les dan a las personas una forma de enfrentarse con sus problemas, una forma de hacer más llevadera y comprensible la condición humana [...] los símbolos tocan nuestras tendencias centrales más profundas y proporcionan lo que Jung llama *experiencias numinosas* —experiencias que comunican poder espiritual o significación especial a quienes afectan.[1]

[1] Nicholas S. Dicaprio, *Teorías de la personalidad*, Interamericana, 2a. edición, México, 1985, pp. 106-108.

Por su parte, los rituales, actos muy específicos en los cuales se utilizan diversos símbolos con un objetivo bien claro, han de llevarse a cabo en una forma, momento y lugar determinados para potenciar su efecto. En mi vida personal, así como en mi trabajo como psicoterapeuta, no dejan de sorprenderme los grandes cambios, prácticamente instantáneos, que provocan los rituales.

No es magia, aunque lo llegue a parecer, si entendemos que la magia es más real de lo que suponemos y forma parte de la vida misma. Mi sabio amigo, el reconocido escultor Miguel Romo Santini, la define así: "el uso consciente de los poderes invisibles del hombre para producir resultados que no produce la naturaleza espontáneamente: es la más sagrada y la más sublime de todas las artes del hombre".

Yo diría que la magia es la aplicación voluntaria y consciente de las leyes de la vida en una armoniosa aceptación de que lo que es, es, que en lugar de quererlo cambiar, fluimos con ello; le damos permiso de ser eso que ya es, y entonces sucede la magia, los cambios profundos, espontáneos, reales, permanentes, esos que no sabemos cómo sucedieron pero que sabemos sucedieron.

Lo que estaré llamando "rituales" funcionan justamente así, provocando cambios profundos y reales por caminos simbólicos e inconscientes.

Algo muy importante para curar las heridas de la vida y superar los procesos de duelo es dejar de resistirse a la experiencia. En lugar de estar pensando cómo evadirla, ¡ábrele los brazos! Ni modo, está sucediendo, TIENES que vivirla, acepta que te toca pasar por ahí y en lugar de pedirle a la vida que te la quite, pídele que te ayude a aprender las lecciones que esa experiencia te trae. Verás que con esa actitud la carga se aligera y toda tu fuerza queda disponible y puedes enfocarla a trabajar en este proceso y salir adelante cargado de regalos.

CAPÍTULO 8

LIDIAR CON LOS SENTIMIENTOS

En capítulos anteriores hablamos de la importancia de manejar y procesar los sentimientos en lugar de reprimirlos y/o negarlos. Veamos ahora algunas formas de hacerlo.

Como mencionamos, cada sentimiento viene con una respuesta conductual que ayuda a asimilarlo. Por ejemplo, la tristeza viene con las ganas de llorar, el coraje con las ganas de golpear y gritar, y la culpa con un constante y repetitivo diálogo interno de autorreproche: "fui un tonto; debí o no debí hacer, decir esto o aquello; hubiera dicho o hecho esto en lugar de aquello".

Por otra parte, cada sentimiento está conformado por ciertas reacciones físicas, sensaciones, pensamientos y carga emocional y energética, congruentes entre sí y, por supuesto, con el tipo de sentimiento del que se trata. Incluso, podemos localizarlo en cierta parte del cuerpo y hasta ponerle forma, color, peso, temperatura, etcétera. Decimos expresiones tan metafóricas como: "siento un vacío en el estómago", "tengo un puñal clavado en el corazón", "tengo una pesada loza oprimiendo mi pecho", "siento un nudo en la garganta", "tengo un gran peso sobre mis hombros" y una infinita variedad de formas a través de las cuales simbólicamente conceptualizamos y expresamos la manera en que experimentamos los sentimientos. Te diré algo: eso, en cierto sentido, es real; en efecto, es como si tuviéramos un puñal clavado en el corazón, una pesada loza oprimiendo el pecho, un vacío en el estómago, un gran peso sobre los hombros y un nudo en la garganta.

Pero tratemos de comprender: los sentimientos son energía, y aunque sintamos "algo" en el cuerpo, realmente no está en él. He conocido varios casos en los que algún paciente asegura tener, por ejemplo, una bola en la garganta que no le deja pasar la comida o "algo" atorado en el pecho que le impide respirar. Lo siente claramente o hasta lo palpa, y eso lo lleva a diversas consultas, análisis y estudios médicos que sólo le sirven para descubrir que no tiene nada.

¿Sabes qué es? Angustia, miedos, culpa, dolor o resentimientos viejos. Dicho de otra manera, cargas energéticas contenidas, bloqueos energéticos; porque eso son los sentimientos: cargas energéticas.

De acuerdo con la ley de la conservación de la energía, "la energía no se crea ni se destruye, sólo se transforma"; así pues, esas cargas energéticas que llamamos sentimientos las podemos desahogar, transformar o transmutar.

Desahogarlas implica sacarlas de ti, liberarlas, expulsarlas, ya sea por medio del llanto, la catarsis (hablar de ello) o casi de todo tipo de formas de liberación, pues hay algunas que no son de ninguna manera recomendables. Más adelante, hablaremos de alternativas sanas de desahogo.

Transformarlas significa cambiarlas de forma, mediante ciertas acciones, pensamientos y diferentes estrategias de percibir y enfrentar la situación.

Transmutarlas implica mudarlas a un estado vibratorio distinto, más sutil, más elevado. Transmutar es mucho más que transformar, es, como decían los alquimistas: convertir el plomo en oro. Así pues, transmutamos el dolor, la ira, la culpa, la desilusión, en una pintura, un poema, un sabio aprendizaje, un libro, la creación de una institución, un acto de amor. Muchas personas en el mundo, a partir de una dramática y dolorosa experiencia de pérdida, han generado contribuciones trascendentes a la humanidad. Eso es transmutar.

No hay una alternativa mejor que otra, simplemente, cada una nos lleva a un resultado diferente. Sin embargo creo que en un proceso de duelo, las tres opciones —desahogar, transformar y transmutar— son necesarias y cada una tiene su función. Sin lugar a dudas, podríamos decir que lo ideal sería transmutar y sólo eso, ya que es un acto muy elevado de nuestra naturaleza superior, pero siendo realistas tendríamos que ser muy sabios para lograrlo, y aunque por naturaleza lo somos, hay momentos en que no podemos manejar la vida así.

No me negarás la agradable sensación de liberación que queda después del desahogo. Éste es necesario para aligerar la pesada carga que en ocasiones se siente durante algunas etapas del duelo. No obstante, si sólo optamos por el desahogo, no aprendemos nada, no crecemos, no nos deja nada sustancial.

Las técnicas que te propongo a continuación puedes utilizarlas con cualquiera de tus sentimientos. Con el propósito de que queden más claras, voy a tratar cada una de ellas de forma separada.

Lidiar con el dolor

A veces el dolor que te causa una pérdida, se mezcla con dolores viejos que no recuerdas conscientemente ni tienes presente su origen; dolores de abandonos pasados, de asuntos inconclusos, de heridas no sanadas. Cuando eso sucede, es posible que haya una parte de ese dolor que no localizas con claridad; es como si supieras intuitivamente que lloras no sólo por la pérdida actual, sino también por otras pérdidas archivadas en la profunda caverna del inconsciente. Sanar la pérdida presente sanará también las pérdidas pasadas.

Ya hablamos de la utilidad del llanto en la vida. Llorar es una forma de desahogo indispensable en el proceso de curar la tristeza. Permítete llorar cada vez que lo deseas, todo el tiempo que quieras, cuantas veces quieras; créeme que, algún día, de manera espontánea y natural, se te acabarán las ganas de llorar por eso que ahora te impulsa a hacerlo.

El dolor —como cualquier otro sentimiento— no se cura evadiéndolo; es necesario que te des los espacios para sentirlo, para dejarlo estar, confiando en que encontrará su cauce y fluirá de forma adecuada. En mi experiencia con el dolor, me he percatado de que ningún otro sentimiento me acerca tanto a mí misma como él. En las etapas de mi vida donde he tenido un profundo dolor, he encontrado tesoros inimaginables dentro de mí; sólo hay que *contactarlo*, dejarlo estar en los momentos en que aparece.

Existen diversas formas de *contactar* el dolor: llorando, escribiendo o simplemente dejándolo estar; esa imagen de alguien deprimido acostado en la cama todo el día, o llorando bajo la ducha, no está mal en sí misma, a veces es sano hacer eso: darle el golpe al dolor para experimentarlo y luego dejarlo ir. Recuerda que evadir un sentimiento no significa que se irá, al contrario, se alargará el proceso de duelo.

Pero no sólo es necesario y sano desahogarse, sino también hacer cosas para transformar y transmutar el dolor, como escribir poemas, crear una pintura o realizar cualquier otra actividad relacionada con el arte, buscar el contacto con la naturaleza o meditar.

La transmutación del dolor se da en el hecho de que este sentimiento, como quizá ningún otro, nos empuja a *contactar* con lo más profundo de nosotros mismos y con un Ser Superior o como cada quien le llame o lo conciba. Pareciera que en los instantes de profundo dolor emitimos un llamado desde el alma y con toda el alma, pidiendo consuelo y ayuda. Nos sentimos tan solos, tan abandonados, que creemos que sólo un Poder Superior a nosotros nos puede consolar.

En la conmovedora película *Pena de muerte*, dice Susan Sarandon: "hay espacios de la tristeza y el dolor que sólo Dios puede tocar". Y en esa "noche oscura del alma", en esa soledad y desamparo, en esa desolación y desesperación, el grito silencioso que el alma emite es oído, y entonces suceden las cosas sorprendentes que, con seguridad, alguna vez en tu vida has presenciado… las llamamos milagros.

Cada sentimiento tiene una razón de ser y aporta algo útil a nuestro proceso de maduración y crecimiento. La utilidad del dolor es acercarnos a nosotros mismos y a ese Poder Superior.

En ocasiones es difícil sentirnos conectados con algo superior, sobre todo cuando, aún siendo niños, nos obligaron a creer en ello bajo la amenaza de recibir un castigo o, peor aún, ir al infierno en caso de no aceptarlo. Si te cuesta creer en un Poder Superior, conceptualízalo como esa fuerza que hace que, en este preciso momento, tu corazón lata y bombee sangre por todo tu cuerpo, tu cerebro lleve a cabo infinidad de procesos químicos y eléctricos, tu estómago haga la digestión de lo que comiste y cada órgano haga lo suyo, ¡SIN QUE TÚ TENGAS QUE MOVER UN SOLO DEDO!

Podríamos pensar: "Pues de eso se encarga el sistema nervioso autónomo", y es cierto, pero hay una fuerza que mueve a tu sistema nervioso autónomo, que es la misma que hace que el mar fluya, los planetas giren y la vida suceda sin que tú o yo tengamos que hacer nada para ello; ése es un Poder Superior que está fuera y también dentro de ti y de cada uno.

¡El dolor nos acerca a esas dimensiones! Sin embargo, si lo evadimos, si no lo dejamos ser, nos corrompe y amarga el alma debido a que todo lo que no fluye se estanca y se pudre. Vale la pena experimentarlo y obtener todas las recompensas y regalos que nos puede traer. Las personas que han sufrido y han transmutado su dolor, resurgen de ese abismo renovados, fortalecidos, sabios y con una gran capacidad de compasión y respeto al dolor de otros. Quienes no lo han trascendido y se han quedado atrapados en su pantano, se volverán amargados, tiranos, crueles, resentidos con la vida, a la cual consideran mala e injusta por "lo que les hizo", y con una patológica incapacidad de comprender y respetar el dolor de otros.

En las experiencias de pérdida, el dolor está ahí, no puedes evitarlo; lo único que puedes hacer es decidir si lo usas para crecer y aprender de él o para amargarte. La elección es tuya.

Lidiar con la ira

La ira no es mala en sí misma, es un fuerte motor que se enciende dentro de nosotros y que nos puede servir para salir adelante y dar enormes pasos en nuestro intento de superar un duelo. ¡Definitivamente este sentimiento no puede pasar inadvertido! Se tensan tus músculos, se acelera tu ritmo cardiaco y respiratorio, te ruborizas, la piel se te pone caliente, se inyectan en tu torrente sanguíneo fuertes cantidades de adrenalina, bilis y otras sustancias y hormonas, sientes un fuego encenderse en tus entrañas y con frecuencia se te escapan gritos, agresiones verbales o hasta golpes.

Ésos son los arranques de ira abierta y directa. No obstante, puede tomar otras formas muy sutiles que nos cuesta trabajo reconocer como manifestaciones del enojo. Por ejemplo, como comentábamos en el Capítulo 2, puede manifestarse por medio de la llamada agresión pasiva: bromas, sarcasmo, olvidos o "accidentes" que perjudican de alguna manera a la persona con quien estamos enojados, y de esa forma nos cobramos las facturas que sentimos que nos debe.

Por supuesto, esto no se planea consciente e intencionalmente, sino que sucede inconscientemente como resultado de intentar establecer un equilibrio: se me debe algo, me lo cobro para "quedar a mano".

En las experiencias de pérdida, la ira puede estar dirigida a una persona, a uno mismo, a Dios o a la vida misma. Es un sentimiento muy mal visto socialmente y por eso tendemos a negarlo y reprimirlo.

Imagínate, si dices: "me siento muy triste", nadie te juzgará mal, con seguridad hasta recibirás afecto, mimos y apoyo. Pero si expresas: "estoy muy enojado", y peor aún si dices: "tengo mucho coraje contra Dios" o "contra mi papá que se murió y nos dejó", más de alguno te juzgará muy mal y quizás hasta se alejen de ti porque sientes y dices semejantes "barbaridades".

Esta errónea creencia de que la ira es mala, hace muy difícil reconocerla, aceptarla como propia, enfrentarla y manejarla; lo más común es negarla o reprimirla; ¡gran error! La ira reprimida tiende a somatizarse muy rápido, causando enfermedades, insomnio, ansiedad, amargura y hasta depresión.

La forma en que por lo común la manifestamos: agrediendo, ofendiendo o golpeando a otras personas también es insana, pero hay que aprender a expresar sanamente el sentimiento de ira; veamos algunas maneras sanas de manejarla:

• Escribir cartas dirigidas a la persona con quien estás enojado, pero sin dárselas; son sólo medios a través de los cuales te permites expresar todo lo que sientes con libertad, sin riesgos, para que esa parte tuya indignada y enojada pueda liberarse de esa carga. Si estás enojado con la vida o con Dios, también escríbele cartas; créeme, no se enojará, no te castigará, no te hará pagar de ninguna manera tu atrevimiento. Te comprenderá mejor de lo que cualquier ser humano, por más sabio y bondadoso que sea, podría hacerlo. Es mejor sacar ese enojo y dejarlo ir, para después reconciliarte con la vida o Dios, que reprimirlo, negarlo y quedarte resentido y alejado, considerando a la vida o Dios como tu enemigo. Después, quema esas cartas y deja que el fuego transmute y purifique la energía del enojo que plasmaste en ellas. Quizá sientas culpa al expresar todos los reclamos, reproches y sentimientos que te surjan al escribirlas, pero de todas formas, hazlo, es algo sano y liberador.

• En lugar de agredir verbalmente o golpear a las personas, golpea un cojín, patea un balón o un colchón, sal a correr o a caminar, sube y baja escaleras, date un baño, grita fuerte al aire, no a las personas. Cuando se siente ese fuego de la ira encenderse en las entrañas, se produce un fuerte desequilibrio bioquímico en el cuerpo y nuestros sistemas trabajan a marchas forzadas; por eso necesitamos hacer movimientos fuertes con el cuerpo para metabolizar esos químicos y volver al equilibrio. De otra manera, nuestro cuerpo tardará mucho tiempo en lograrlo y nos dolerá la cabeza, el estómago, se inflamará nuestro intestino, y si esas circunstancias se repiten con frecuencia, con el tiempo nos causarán problemas de salud más serios.

Hace poco le sugerí a un amigo que siguiera mis recomendaciones, después de que me platicó que está viviendo una experiencia que lo tiene muy enojado, al grado de que a veces se despierta súbitamente en la noche sintiendo una enorme rabia. "Martha —me dijo—, esas cosas me parecen muy inmaduras", a lo que yo contesté: "Es más inmaduro que te la pases gritándole a tu esposa, a tus hijos, a tus empleados y a todo el que te pasa por enfrente, porque tu rabia es tal, que se te escapa sin control y sin la más mínima intervención de tu voluntad".

Ese desahogo de la ira es sano y es útil, pero no lo es todo. Para *transformarla* y *transmutarla* debemos realizar otras actividades; por ejemplo:

- Asume tu parte de responsabilidad en lo que sucedió. Si bien es cierto que existen pérdidas en las que quizá no tengas ninguna responsabilidad —por ejemplo una enfermedad o la muerte de un ser querido—, hay otras donde alguna actitud o comportamiento tuyo influyó para que aquello sucediera: tu posesividad con la pareja, tu indiferencia ante sus necesidades o tu forma agresiva de tratarla que provocó que se fuera; el descuido que te llevó a perder ese objeto; la traición que te llevó a perder a ese amigo; la falta de compromiso que te llevó a perder el trabajo; tu irresponsabilidad al beber alcohol y manejar que causó ese accidente, etcétera. Tomar tu parte de responsabilidad en tu pérdida tal vez te provoque culpa, pero es necesario reconocerla para poder aprender la lección (más adelante volveremos a hablar del manejo de la culpa). Entonces, al asumir tu parte, ya no hay parejas malas que te abandonaron, ni jefes injustos que te corrieron del trabajo, ni conductores tontos que te chocaron, ni amigos traidores que te dejaron; sólo hay actos y consecuencias, acciones y reacciones, causas y efectos. Aceptar tu responsabilidad en eso por lo que estás muy enojado, es un paso indispensable para transmutar la ira, sanarla y liberarte de ella.

- Transforma tu ira en algo productivo, recuerda que es una carga energética, un motor que se enciende en ti cuya energía puedes canalizar hacia cosas tan sanas como escribir, crear una obra de arte, hacer algún deporte o ejercicio que aporte a tu cuerpo salud, tonicidad y belleza, o llevar a cabo compromisos contigo mismo para hacer ciertos cambios en tu vida, como aprender a poner límites o modificar esos rasgos de tu personalidad que no son sanos y te traen problemas.

- "Ponerte en los zapatos del otro" es también un sano y útil medio de transformar y transmutar la ira. Esto significa comprender su historia, sus sentimientos, sus razones para reaccionar de una manera u otra o hacer esto o aquello. Para ilustrar esto te contaré una historia:

Un día, una mujer de treinta años —llamémosle Laura— llegó a mi consultorio. Su historia era trágica: cuando era niña, su mamá (madre soltera) le sometía a formas terribles de castigo; por ejemplo, metiéndole las manos en una olla de agua hirviendo o poniéndoselas sobre un comal encendido mientras se las detenía por las muñecas para que no las pudiera quitar. Todavía a sus treinta años, llevaba las cicatrices de esas quemaduras en las palmas de sus manos.

Cuando cumplió 18, la vida le dio el regalo de un novio de 22. ¡Estaban tan enamorados! Ella sentía que era la recompensa por todo lo que había sufrido de niña y supo que él era el amor de su vida. Pasaron algunos meses de una hermosa relación llena de amor, ternura y alegría. Cierto día, al llegar de trabajar, encontró a su amado novio y a su mamá —una guapa cuarentona— haciendo el amor apasionadamente. Su mundo se derrumbó, entró en un *shock* del que duró varias horas en salir. ¡No podía creerlo! ¡Su mamá había seducido al amor de su vida! ¡Se lo había quitado! Ambos la habían traicionado de la forma más cruel y despiadada.

Eso no fue todo: ¡se casaron! Por supuesto, ella no soportó seguir viviendo bajo el mismo techo con ellos y se fue, con el corazón partido y la vida deshecha.

Al leer esto, con seguridad estarás sintiendo un gran coraje contra esa madre. ¿Cómo pudo hacerle eso a su hija? Y tal vez se te ocurran algunos duros juicios y expresiones contra ella. Pero permíteme contarte su historia:

Cuando esa mamá era una niña muy pequeña se quedaba todos los días sola porque su madre tenía que ir a trabajar. Su padre era un alcohólico que no aportaba nada a la casa y se la pasaba en parrandas. A veces, esa niña no comía hasta que su mamá llegaba con algo después del trabajo, porque no había NADA en casa para comer. Pero lo más terrible es que el papá comenzó a invitar a sus amigos a casa, con los que bebía hasta perder el juicio y, entonces, uno a uno, incluido su propio padre, violaban a esa niña, a veces durante horas.

Como ocurre con todos los niños de quienes se ha abusado sexualmente, a ella la amenazaron con que si le decía a su mamá iban a pasarle cosas terribles y hasta la matarían; y como todos los niños que sufren esta experiencia, estaba llena de pánico, confusión y vergüenza. Por eso calló el secreto durante varios años, hasta que a sus doce, haciendo acopio de toda su fuerza interior, se escapó de la casa y anduvo vagando por aquí y por allá. Después —nada raro en un caso como éste— comenzó a prostituirse, y así —Dios sabe de qué hombre— nació esa hija que fue mi paciente.

Ahora dime, ¿cómo cambiaron tus sentimientos hacia esa madre al conocer su historia? Conocer los motivos por los que alguien es como es, no tiene el propósito de justificar su conducta, pero sí de comprender, sin juicios, sus "porqués". Quizás ahora el desprecio lo sientas hacia el padre alcohólico y abusador, pero créeme, si conocieras su historia también modificarías tus juicios y sentimientos. Eso es "ponerse en los zapatos del otro": ver, sentir, percibir desde su situación para comprenderlo con compasión y respeto. Entonces, entenderás que reacciona así debido a que, por ejemplo, tiene mucho miedo a enamorarse y que tú lo abandones; que le cuesta gastar el dinero porque fue muy pobre y sufrió mucho por ello; que reaccionó de esa manera porque con tu comentario se sintió avergonzado; que es muy susceptible a las bromas porque fue muy ridiculizado por su padre, y aunque no se trata de justificar los comportamientos insanos de alguien, insisto en que ponernos en sus zapatos nos ayuda a ser compasivos y respetuosos hacia su historia y sus heridas, puesto que, a fin de cuentas, todos tenemos algunas.

En conclusión, la ira es un sentimiento inevitable en el proceso de duelo por nuestras pérdidas y, sin importar hacia quién o qué vaya dirigida, es necesario reconocerla en lugar de negarla y reprimirla, y trabajar con ella para que pueda irse.

Lidiar con la culpa

La culpa nos hace sentir indignos y avergonzados. Ésta, como todo sentimiento, tiene una utilidad: llevarnos a reconocer que hemos actuado de forma equivocada y que debemos hacer cambios en nuestras actitudes y comportamientos. No obstante, como ya se comentó en el Capítulo 6, cuando la gente lleva su culpa por largo tiempo, hará muchas cosas de manera inconsciente para "pagarla", como autocastigarse y autosabotearse. Por lo tanto, una vez que hemos aprendido la lección que la culpa nos trae, debemos dejarla ir y perdonarnos o perdonar a aquellos a quienes culpamos por nuestra pérdida.

Veamos algunas formas sanas de trabajar con la culpa:

- Cuando sentimos culpa, tenemos un diálogo interno de autorreproche, en el que parecemos "disco rayado", y a veces nos tortura: "para qué le dije…", "debí haberle dicho…", "hubiera hecho esto…", "no hubiera hecho lo otro…", etcétera. O tal vez el tema de ese diálogo interno esté relacionado con otra persona a quien culpamos: "doctor inútil, por su culpa…"; "tonto amigo mío, hubiera…".

  Graba en un casete ese diálogo interno. Procura que esa grabación dure mínimo quince minutos. No importa que repitas y repitas varias veces las mismas expresiones, a fin de cuentas eso es lo que hace en la mente nuestro diálogo interno: repetir una y otra vez lo mismo.

  Luego, durante algunos días, escucha diariamente esa grabación. Es mejor si lo haces varias veces al día, hasta que llegue un momento en que notarás que estás harto de oírla, saturado, e incluso te darás cuenta de que percibes la situación de manera diferente a como la planteas en la grabación. Tal vez al escucharla hasta comiences a pensar: "Ay, no es para tanto" o "Bueno, no soy un tonto, hice lo que creí conveniente" y otros pensamientos de ese tipo.

Aun cuando ya te sientas harto y saturado de escucharte reprochándote, lamentándote o culpando a otros, escucha tu grabación dos o tres días más, después de lo cual habrá llegado el momento de dejarla ir y, con ella, todos esos sentimientos de culpa plasmados ahí. Quizá decidas simplemente tirar el casete o desenredar la cinta lentamente hasta sacarla toda, o elijas alguna otra forma de dejar ir la culpa. Lo que sí te recomiendo es que no lo hagas con desprecio, sino con respeto, sabiendo que esa culpa te enseñó algo, pero que decidiste que no la quieres cargar más tiempo contigo y por lo tanto te liberas de ella.

Eso funciona por varias razones: una es que al "sacar" de ti tu diálogo interno y escucharlo "desde afuera" puedes percibir la situación de una forma más objetiva y neutral, lo cual te ayuda a cambiar tu percepción y, por lo tanto, tus sentimientos al respecto. Digámoslo metafóricamente: si ves la situación a través de un lente gris, producirás sentimientos grises, si cambias el lente a uno amarillo, producirás sentimientos amarillos.

Otra razón por la que funciona es la saturación. Esta técnica, propuesta por la psicoterapia sistémica, es llamada "prescripción del síntoma" y consiste en darte permiso de tener el síntoma en lugar de prohibírtelo. De manera que en lugar de presionarte a ti mismo a "controlar" ese diálogo interno y quitar ese sentimiento de culpa, te permites e incluso te incitas a tenerlo, de forma tal que, sin duda, llegará la saturación y el cambio en la percepción del suceso.

En un curso impartido por Alejandro Jodorowsky al que asistí hace algunos años, él propuso la técnica que a continuación describo, la cual en repetidas ocasiones manejé con diversos pacientes y hasta conmigo misma, obteniendo excelentes resultados:

- Elige un símbolo que represente tu culpa. Recuerda que los sentimientos los percibimos y los expresamos con forma, color, peso, etcétera. Busca ese símbolo para, digámoslo así, "materializar" tu culpa. Tal vez una piedra, una rama espinosa, un erizo, un nudo o cualquiera que sea la forma en que la percibas. Después, carga tu símbolo durante varias semanas a donde quiera que vayas y, además, duerme con él, báñate con él y mantenlo contigo todo el tiempo; ¿no es exactamente eso lo que hacemos con la culpa? ¿No es cierto que nos acompaña de día y de noche, adonde quiera que vamos?

Cuando sientas que ya es suficiente, entonces déjala ir. Quizá quieras enterrarla, o quemarla, o lanzarla al mar, o simplemente tirarla, según lo que sientas adecuado. Recuerda que siempre que dejamos ir algo, debemos hacerlo con respeto, con amor, con gratitud por el aprendizaje que eso aportó a nuestra vida.

Esta misma técnica la puedes aplicar a cualquier otro sentimiento, o a cualquier cosa que quieras dejar ir:

• Mírate todos los días al espejo durante algún tiempo y viéndote a los ojos repite en voz alta: "Reconozco que cometí tal error, pero ahora me perdono y me libero de mi culpa". Si se trata de perdonar a alguien, dirás: "Reconozco que tal persona cometió tal error, pero ahora la perdono, la libero y me libero".

Si al expresar eso frente al espejo no te sintieras cómodo, como si una parte de ti se resistiera, de todas maneras hazlo; aunque al principio no los sientas congruentes y reales, a pesar de que te cueste y no estés del todo convencido, poco a poco el reconocimiento y el perdón irán convirtiéndose en una verdad y transformarán esos sentimientos oscuros de culpa y resentimiento.

CAPÍTULO 9

HERRAMIENTAS PARA "DEJAR IR"

Si bien es cierto que las herramientas que veremos a lo largo de este capítulo son muy útiles y efectivas para ayudarnos a salir adelante en el proceso de duelo ante una pérdida, también es muy importante comentarte que es de sabios reconocer cuando no podemos solos y necesitamos ayuda profesional. A veces las experiencias de pérdida nos rebasan y necesitamos ser apoyados por alguien. Toda persona, por más madura, sana y sabia que sea, en algún momento de su vida puede necesitar ayuda de un profesional y reconocerlo es una actitud muy madura y sabia.

En caso de que estés recibiendo apoyo psicoterapéutico, puedes utilizar las herramientas propuestas en este capítulo aunadas a tu terapia, bajo la guía y supervisión de tu terapeuta, ya que no se contraponen en lo absoluto, sino que se complementan. Utiliza estas herramientas no "en vez de", sino "además de".

1. El poder de las afirmaciones

Louise Hay, autora del bestseller *Tú puedes sanar tu vida*,[1] generó un fuerte impacto con sus propuestas para sanar. Podríamos decir que ella trajo a la vida práctica y puso al alcance de todos una profunda y sabia verdad tan antigua como el tiempo: el poder sanador de las afirmaciones o patrones mentales. Éstos consisten en la repetición, a nivel mental o en voz alta, de ciertas frases que, de tanto afirmarlas, terminan convirtiéndose en una realidad para quien las dice.

Una de las siete leyes o principios universales dice: "Todo es mente, el universo es mental".[2] Eso significa que cualquier manifestación material o energética, así como cualquier fenómeno de la vida, empieza en la mente.

[...] antes de hacer cualquier cosa, lavarte los dientes, comprar un auto, ir al cine, casarte o buscar un trabajo

---

[1] LOUISE HAY, *Tú puedes sanar tu vida*, Diana., México.
[2] TRES INICIADOS, *El kybalión*, Editores Mexicanos Unidos, México, 1998, p. 17.

¿qué es lo primero que haces? Piensas en ello. Piensas en lo que te gustaría hacer, obtener, comprar o crear. Lo imaginas o creas una imagen, usas tu imaginación [...]. Siempre usamos nuestra habilidad de imaginar, nuestra imaginación, para crear una realidad [...].[3]

Asimismo, nuestros sentimientos empiezan en la mente. Por ejemplo, si ahora mismo recuerdas algo que te molestó mucho, en forma automática generas un sentimiento congruente con tus pensamientos; en este caso, la ira. De igual forma ocurrirá si piensas en algo agradable, triste, o que te provoca miedo: se producirá en ti ese estado emocional.

Otro aspecto interesante de por qué las afirmaciones funcionan es que las palabras ("el verbo") tienen poder; no son sólo sonidos, sino que tienen una carga energética que las convierte en verdaderos decretos. De tal forma que si tú hablas con frecuencia de que no tienes dinero o la gente es traidora o es muy difícil conseguir lo que deseas, entonces el Universo te regresará exactamente eso que estás decretando en tu vida. Igual sucederá si tus palabras decretan luz, abundancia y amor.

Para obtener el mayor provecho de las afirmaciones, es importante que cuides estas condiciones:

[3] HAROLD MOSKOVITZ, *Manual para operar un cuerpo humano*, Diana, México, 1998, pp. 173-174.

• *Plantéalas en presente.* El aquí y ahora es el único momento con el que contamos. El pasado ya se fue, el futuro no ha llegado. Es en el presente donde se puede hacer cualquier cosa.

• *Exponlas de manera muy específica y concreta.* Tanto para tu mente consciente e inconsciente, como para el Universo, es difícil responder a algo subjetivo. Si dices por ejemplo: "me siento bien", esta afirmación tiene muchos significados posibles, por lo que será más difícil de ser interpretada. Podrías entonces usar en lugar de "bien" algo más concreto, como: alegre, feliz, sereno(a).

• *Plantéalas en positivo* (evita usar la palabra no). La palabra "NO" es una invención del lenguaje verbal humano. Podríamos decir que nuestro inconsciente, tanto como el universo, no entienden el NO. Por eso, si tú dices: "no estoy resentido(a)", lo que ellos recibirán es: "estoy resentido(a)". Por otra parte, te des cuenta o no, tu mente automáticamente forma una imagen de ti resentido(a), que refuerza ese estado (recuerda que todo inicia en la mente). Si afirmas en cambio: "dejo ir todos mis resentimientos, estoy en paz", tu mente hace una imagen de ti justamente así.

• *Plantéalas en forma congruente con lo que quieres lograr.* Recuerda que las palabras no sólo son sonidos, tienen una carga energética y, por lo tanto, tienen poder. Es el poder del verbo del que algunos grandes sabios han hablado. Y si lo dudas, basta observar lo que provoca en uno mismo o en otro el escuchar palabras insultantes y ofensivas o palabras amorosas, motivantes y halagadoras. El poder del verbo significa que las palabras son decretos y, como tales, se cumplen. Entonces, que tus afirmaciones decreten lo que quieres generar.

Una vez aclarados estos puntos, veamos algunos ejemplos de afirmaciones para "dejar ir":

- Dejo ir el pasado gozosamente, estoy en paz.
- Me perdono y perdono a todos y a todo.
- Mi ser entero está lleno de luz y alegría.
- Estoy protegido(a) y a salvo dondequiera que voy.
- Siempre hay un tiempo para todo propósito en la vida.
- Respeto la libertad y el libre albedrío de todo ser humano, incluyéndome a mí.
- Hay suficiente amor, luz y alegría para todos.
- Me abro a recibir todo lo que este día me trae.
- Dejo ir mis resentimientos y mi dolor, hoy me libero de ellos.
- Dejo ir cualquier sentimiento que me impide ser feliz.
- Me doy permiso de ser feliz y estar en paz.

- Merezco tener todo lo que quiero y necesito.
- Me doy permiso de ser todo lo que puedo ser, y de disfrutarlo.
- Merezco ser amado(a), merezco estar sano(a).
- Me amo y me acepto tal como soy, y amo y acepto a todos tal como son.

Por supuesto, tú puedes crear tus propias afirmaciones de acuerdo con lo que quieras generar dentro de ti y en tu realidad.

El siguiente paso sería repetir todos los días, varias veces, aquellas frases con las que quieras trabajar; aun cuando inicialmente no las creas; aun cuando al estarlas diciendo una parte de ti diga "no es cierto" y sientas que es absurdo o ridículo hacerlo, de todas maneras ¡HAZLO! La acción es lo que rompe patrones y provoca cambios de dirección hacia donde queremos llegar, y más pronto de lo que tú crees, quizás en dos o tres semanas, empezarás a notar los efectos de este manejo.

Algo que en lo personal me encanta respecto de las afirmaciones es que se trata de una forma sutil de fluir en armonía con la vida para provocar cambios profundos y reales, de manera que, en lugar de "pelearnos" con el sentimiento o estado interno que queremos dejar ir, simplemente le damos su contraparte y se va diluyendo por sí solo. Por ejemplo, si queremos que la oscuridad se vaya, démosle su contraparte: la luz. Si queremos que la fría nieve se derrita, démosle su contraparte: el calor. Cada vez que expresas una afirmación es como si introdujeras una luz nueva en ese "cuarto oscuro" del resentimiento, la ira, el dolor o la culpa.

Esta herramienta, aunque no es una panacea que todo lo soluciona, sí produce un camino útil y eficaz para el cambio. Verás que vale la pena experimentarlo.

2. Cerrar asuntos inconclusos

Uno de los aspectos que hace tan dolorosa una pérdida es todo aquello que dejamos de hacer o decir; por ejemplo:

- Nunca le dije cuánto lo amaba.
- Nunca le pedí perdón o le di mi perdón.
- No lo apoyé lo suficiente.
- ¿Por qué no fui cariñosa como me lo pedía?
- No lo atendí adecuadamente durante su enfermedad.
- No valoré lo que tenía.

Todo esto que no hicimos o no dijimos refuerza nuestros sentimientos de culpa, ira y dolor.

La acción de no haber dicho o no haber hecho algo podríamos llamarla "dejar asuntos inconclusos", y éstos definitivamente alargan y obstaculizan la resolución de un proceso de duelo. Los asuntos inconclusos nos detienen en el pasado y contaminan el presente; es como si filtráramos las experiencias del presente a través de ese asunto sin resolver del pasado, y por lo tanto reaccionamos a lo nuevo como si fuera lo viejo.

Es fácil ver que un asunto inconcluso nos "atora" y contamina nuestro presente. Por ejemplo, cuando estás haciendo cualquier actividad, pero tienes pendiente algo importante, como hacer una llamada, dejar a la vista algo para que no se te olvide o darle un recado a alguien, no puedes concentrarte plenamente en la actividad que estás realizando porque ese pendiente que tienes no te lo permite; una parte de tu energía está concentrada en dicha actividad y otra en el asunto pendiente. Si vas a una fiesta y dejaste tareas escolares inconclusas, con dificultad podrás gozar al cien por ciento la fiesta, ya que estarás con la "espinita clavada", recordándote lo que no has hecho. También cuando te duermes sin haber concluido algunos asuntos es muy probable que en la madrugada te despiertes súbitamente, recordando eso que tienes que hacer, esa llamada que no hiciste, eso que no has hablado con tal persona, ese problema que no resolviste.

Dice Fritz Pearls, pionero de la corriente psicológica llamada Gestalt, que el insomnio crónico que no tiene causas orgánicas puede deberse a que la persona tiene muchos asuntos inconclusos en su vida, como heridas no sanadas, resentimientos no perdonados, problemas no enfrentados, ya que cuando dormimos se inactivan los mecanismos de defensa que en la vigilia nos sirven para evadir, negar o distorsionar la realidad; entonces en la noche, durante el sueño, surgen todas esas realidades que no hemos resuelto y nos despiertan. Digamos que a nuestro inconsciente le urge más cerrar esos viejos asuntos inconclusos que dormir.

Por desgracia, las personas con ese tipo de insomnio crónico, en cuanto se despiertan siguen evadiéndolos: encienden la televisión, se ponen a leer, se levantan a hacer algo, en lugar de quedarse quietas dejando que surjan con libertad los sentimientos, pensamientos, recuerdos e imágenes que les muestran eso que tienen que enfrentar y solucionar en su vida.

En el duelo por una pérdida, debemos "cerrar" bien ese proceso, esa experiencia, pues de no hacerlo contaminará nuestras vivencias posteriores. Por ejemplo, lo que dejaste "abierto" (inconcluso) con una pareja que perdiste, inconscientemente tratarás de "cerrarlo" con tu nueva pareja y eso no te permitirá percibirla como es, sino como una extensión de la pareja anterior, como si quisieras en esta nueva relación solucionar la historia de la anterior, con todas las consecuencias desastrosas que eso puede traer.

Pero, ¿cómo se "cierran" los asuntos inconclusos? Existen muchas formas, algunas de las cuales veremos a continuación. Es muy importante poner énfasis en que lo pasado se resuelve en el presente, en el aquí y ahora, aun cuando haya ocurrido hace años; el momento presente es el único con el que contamos para actuar.

- *No te quedes con algo "atorado".* Busca hablar con la persona con quien tengas algo pendiente, ya sea directamente o a través de una carta, exprésale lo que sientes, lo que te lastimó, agradécele lo que te dio, exprésale tu amor, pídele perdón, ofrécele el tuyo, dile todo lo que necesites decirle. Pero no tengas ninguna expectativa con respecto a la reacción que la persona tendrá hacia ti. Tal vez muestre apertura, respeto, afecto; quizá se burle o se enoje. No puedes controlar su reacción. Sin embargo, sabes que haces esto por tu propio bien, para sanarte tú, para "cerrar" esta experiencia y poder seguir adelante, y sea cual fuere la forma en que la persona reaccione, expresarle lo que sientes te ayudará a terminar el asunto y quedarte en paz.

  Si la persona ya no está en tu vida porque murió o no sabes dónde localizarla, o si por cualquier razón decides que no quieres hablar personalmente con ella, expresarle de manera indirecta lo que sientes es igualmente efectivo y sanador.

Éstas son algunas *formas indirectas* de hacerlo:

a) Siéntate cómodamente. Cierra tus ojos y mantenlos así durante todo este trabajo; respira lento y profundo, relájate durante unos instantes. Ahora, *imagina* que esa persona está frente a ti y pídele "telepáticamente" permiso para trabajar con ella. Comienza a decirle mentalmente o en voz alta —como sea mejor para ti—, TODO eso que te quedaste sin expresar; date permiso de fluir y dejar salir todo lo que sientes. Si te dan ganas de llorar, hazlo, tómate tu tiempo, haz lo que necesites, hasta que sientas que has terminado. Entonces —digámoslo así—, despídete de la persona, agradécele que "haya venido" y pídele que regrese a donde le corresponde estar en ese momento. Después, haz algunas respiraciones profundas y lentas, y cuando estés listo(a), abre tus ojos. Puedes hacer esto una sola vez o durante varios días y cuantas veces lo sientas necesario.

b) Escríbele una carta, con la extensión que consideres necesaria, expresándole todo lo que necesites decirle; luego léela una o más veces, en un solo día o durante varios días, permitiéndote llorar o hacer lo que te dé ganas mientras la lees. Después, cuando sientas que ya es el momento, quémala, déjala ir y libérate de todo eso.

c) Pídele a alguien en quien confíes y sientas que te comprende, que haga las veces de esa persona con quien necesitas "cerrar" algo y actúa como si lo fuera. Exprésale, conversen, abrácense, lloren, hagan todo lo que necesiten hacer y digan todo lo que necesiten decir, hasta que sea suficiente. Cuando terminen, es importante que la persona que te ayudó a personificar al otro lleve a cabo esta sencilla técnica propuesta por Harold Moskovitz, con el propósito de que no se quede con algo que no le corresponde al haber tomado simbólicamente el lugar de la otra persona: pídele que cierre un momento los ojos, que imagine frente a sí una rosa del color y tamaño que quiera, y que encima de la rosa coloque la imagen (o el nombre) de la persona a la que personificó. Enseguida, dile que haga explotar la rosa junto con la imagen o nombre de la persona. Esto no la daña, sirve para devolverle a la persona su energía e, insisto, para que no se quede con algo que no le pertenece.

Como antes te sugerí, agrégale, quítale, modifícale lo que desees o inventa tus propias formas de no quedarte con algo "atorado". Confía en que eres mucho más sabio(a) de lo que crees y sigue tu propia guía interior.

Rehacer la experiencia. Significa que, intencional y conscientemente, la creamos de nuevo para hacer lo que hubiéramos querido hacer cuando sucedió. Ésta es otra poderosa forma de cerrar asuntos inconclusos, y para hacerla más clara te contaré un caso:

Mi paciente Elena tenía 32 años cuando llegó a terapia. Había vivido atormentada de día y de noche a causa de una aterradora experiencia que, sola y sin el apoyo de nadie, vivió a sus 16 años: conoció a un muchacho un poco mayor, se enamoraron y se hicieron novios. Después de unos meses comenzaron a tener relaciones sexuales y ella quedó embarazada. Cuando él supo la noticia se fue a vivir a Estados Unidos con unos parientes y le escribió una carta diciéndole que abortara, enviándole algo de dinero para eso. Ella, después de una tremenda lucha interna, decidió acudir a un doctor para abortar. Le practicaron el supuesto aborto, pero después permaneció en su casa varios días en cama sangrando y sintiéndose muy mal. A sus papás les dijo que tenía un fuerte cólico menstrual, y se esforzaba enormemente para no quejarse y aparentar que todo estaba normal.

Al tercer o cuarto día después del aborto, su papá entró a su recámara para comentarle algo y justo en ese momento sintió un fuerte cólico y unas tremendas ganas de ir al baño; se levantó y fue, pero su papá seguía en la recámara esperándola a que saliera para seguir conversando. Elena sintió que arrojó algo y al levantarse del inodoro vio que lo que había arrojado era nada menos que su pequeño feto, entero, muerto, de unos cuantos centímetros de largo. Sintió que se desmayaba de la impresión y, frente al pánico de saber que su papá estaba afuera y como un impulso, sin pensarlo, accionó la palanca del baño viendo ante sus horrorizados ojos cómo el fetito se iba por el inodoro.

Por años recordó esa imagen, por años se recriminó el no haberlo sacado, el no haber hecho las cosas de forma diferente, el haber cometido —a su entender— errores tan inmensos.

Para "cerrar" y curar esa tormentosa experiencia hicimos muchas cosas, pero la que viene al caso comentarte es el "ritual" con su feto:

Le pedí que, con plastilina, hiciera un muñequito tal como recordaba al pequeño feto, con los mismos colores, formas y tamaño. Luego, rehicimos la experiencia. Se puso el muñeco dentro de su pantaleta, fue al baño, lo soltó e hizo exactamente lo que en aquel momento de sus 16 años hubiera querido hacer. Lo sacó del inodoro, lo limpió, lo abrazó, le pidió perdón una y otra vez, le dijo todo lo que necesitaba decirle, lloró "litros" de lágrimas mientras yo la abrazaba y la consolaba. Los días posteriores realizamos el "funeral" que hubiera querido hacerle. Ahora estaba casada con un buen hombre que la apoyó en todo esto y le ayudó a conseguir que un sabio y maduro sacerdote oficiara una misa por ese bebé que hacía 16 años ella había abortado; su marido la ayudó a enterrar el muñequito de plastilina y a hacer todo lo que ella necesitaba.

Posteriormente, nos dimos cuenta de que era necesario compensar de alguna manera su culpa para que pudiera perdonarse. Entonces, al revisar varias opciones, decidió que por el resto de su vida daría una cantidad de dinero mensual a una institución en apoyo a mujeres embarazadas y desamparadas para que no aborten, sino que den al niño en adopción en caso de que no puedan o no quieran quedarse con él.

Sobra decir que después de todo esto, ella comenzó a vivir en paz, a dormir en paz, y a experimentar en todas las áreas de su vida los sanadores efectos de ese ritual.

A veces, ante la muerte de un ser querido, las personas se quedan con la experiencia "abierta" porque, por algún motivo, no pudieron asistir al funeral, o despedirse, o hacer algo específico. Entonces, rehacer la experiencia significaría recrear una situación que permitiría "cerrarla" y hacer lo que no se pudo en ese momento.

Existen varias formas de rehacer la experiencia y es imposible que podamos mencionar todas, pero la idea fundamental es justamente ésta: haz, di, realiza lo que hubieras querido hacer, decir, llevar a cabo cuando aquello sucedió.

Quizá te preguntes por qué funciona esto o si realmente funciona. En mi experiencia como psicoterapeuta he trabajado en muchísimas ocasiones con este tipo de rituales con mis pacientes y también he leído sobre muchos casos al respecto; incluso los he experimentado en mi propia vida repetidas veces, por lo que puedo afirmar que sí funcionan. Ahora, ¿por qué funcionan? Una forma muy simplificada de responder a esto podría ser la siguiente: para nuestro ser interno, inconsciente o como quieras llamarle, no existe el tiempo. Por eso, algo que sucedió hace años puede seguirse experimentando como si acabara de pasar, de tal manera que lo que haces en el presente modifica la vivencia del pasado.

Por otra parte, en los rituales utilizamos símbolos y éstos engloban toda la experiencia, como las emociones, creencias, carga energética y recuerdos asociados a ella. Los seres humanos somos seres sensibles a los símbolos y éstos afectan profundamente nuestros actos y nuestros estados internos. Reaccionamos con fuerza a los símbolos; por ejemplo, un anillo de bodas no es el compromiso en sí mismo, pero le damos ese significado y reaccionamos a él como tal; una rosa que te regala tu pareja no es el amor en sí mismo, pero reaccionas ante ella como tal; una imagen de una virgen no es la Madre Divina en sí misma, pero reaccionamos a ella como tal. Lo mismo ocurre con los símbolos empleados en los rituales.

Además, existe una parte de nuestra mente que —podríamos decir— es ingenua; no tonta, no ignorante, sino ingenua. Es la misma que es vulnerable a la mercadotecnia y cuando nos ponemos un pantalón, unos tenis, un reloj o unos lentes de equis marca, de veras "creemos" que valemos más y en realidad nos sentimos, pensamos y nos comportamos como si fuera verdad. Igualmente, esa misma parte de la mente, digamos que "se cree" que el símbolo utilizado en el ritual es lo que estamos representando en él. Sea como fuere, el trabajo en estos niveles es, además de muy efectivo, profundo y fascinante.

Compensar lo que se hizo o lo que se dejó de hacer. En el caso de Elena, ella decidió dar una cantidad de dinero mensual a una institución que apoya a mujeres embarazadas y desamparadas. Ése es un ejemplo de cómo compensar.

Esta compensación la puedes hacer con la persona misma involucrada en tu pérdida o con otras personas o formas indirectas y simbólicas.

Cuando Mahatma Gandhi —quien logró la independencia de la India a través del "ahimsa" (la no violencia)— estaba en su histórica huelga de hambre, los musulmanes e hindúes se peleaban y mataban brutal y cruelmente entre sí. Un día, un hombre llegó desconsolado al lado de Gandhi y le dijo: "Estoy atormentado, no podré vivir en paz el resto de mi vida; hace unos días los musulmanes asesinaron a mi hijo. Me llené de odio y sed de venganza, tomé a uno de sus niños y estrellé su cabeza contra la pared. ¡No puedo borrar esa imagen, estoy tan arrepentido y tan lleno de vergüenza y desesperación!". Gandhi le respondió: "Por esta cruel lucha, hay muchos niños que han quedado huérfanos; toma a un niño musulmán y adóptalo como tu hijo; cuídalo, aliméntalo, llénalo de amor, porque sólo así podrás tener paz, compensar y sanar tanto la muerte de tu hijo como la muerte que tú mismo le ocasionaste a aquel niño". Este sabio consejo de Gandhi, aunque se trata de una situación extrema, es un bellísimo ejemplo de cómo *compensar*.

El punto clave con respecto a esta alternativa es invitarte a que encuentres tus propias formas de compensar lo que hiciste o lo que dejaste de hacer para poder "cerrar" esos asuntos inconclusos asociados con tu proceso de duelo ante tu pérdida y los sentimientos que ésta conlleva. Para encontrar esas formas, te puede ser útil responder la siguiente pregunta: ¿qué siento y pienso que debí haber hecho o dicho? El paso siguiente sería definir las acciones que tomarás al respecto. Recuerda siempre que no estás solo: cuentas con amigos, familia y profesionales que te pueden apoyar en todo esto y darte el regalo de su comprensión y ayuda.

3. Dejar ir las expectativas

"El problema no es tu ausencia, el problema es que te espero", dice Ricardo Arjona en su canción *El problema*. En efecto, después de la pérdida, aunque ésta sea tan clara como el agua y tan real como la verdad, seguimos esperando. Esperando que alguien regrese, que cambie de opinión, que recapacite; esperando que lo que nos está sucediendo no sea verdad; esperando que hoy sí encontremos ese apreciado objeto que perdimos; esperando... esperando... esperando...

Pero tengo que decirte una verdad cruda y dolorosa: ¡SE ACABÓ!, ¡SE FUE!, ¡SE PERDIÓ!

El momento de dejar ir las expectativas es muy doloroso, aunque también muy liberador. Una vez que hemos hecho todo lo que está en nuestras manos para cambiar las cosas, para recuperar lo perdido y no hemos podido lograrlo, más nos vale soltarlo, dejarlo ir con el cuerpo y con el alma en todos los niveles de nuestra existencia, porque si no lo hacemos, será muy difícil vivir en paz.

Óscar comparte con nosotros una experiencia en la que nos muestra una situación así:

Hace un año mi novia decidió terminar nuestra relación. Dijo que estaba harta de mis celos. Yo no podía creerlo, aunque era cierto que la celaba mucho, pero llevábamos casi tres años de novios y la relación era en general muy buena y amorosa. Teníamos planes para casarnos y viajar, y hasta habíamos hablado de cuántos hijos tendríamos, dónde viviríamos y muchas ilusiones que se derrumbaron cuando me anunció que se acababa.

Le supliqué que no, que me diera otra oportunidad, que yo cambiaría, que haría lo que me pidiera, que ella podría hacer lo que quisiera, pero ella seguía firme en su decisión. Me sentía morir, me deprimí muchísimo y pasaba las noches llorando y en el día no tenía ganas de nada, estaba seguro de que no podría ser feliz sin ella. Cada día le volvía a suplicar, a prometer, a proponer, mas nada la hacía cambiar de opinión. Aun así, yo hacía planes para ofrecerle nuevas propuestas, en espera de convencerla.

Empecé a ir con un psicólogo a terapia para que me ayudara a quitarme lo celoso, pero ahora sé que no lo hice por convicción, sino sólo para retenerla. Y sin importar lo que yo hiciera, ella seguía igual. Yo pensaba: "Tal vez mañana, tal vez ya que pase su menstruación porque anda muy sensible, tal vez el día de mi cumpleaños, tal vez si le llamo, tal vez si le dejo de llamar, tal vez si le pido a su mamá que la convenza", y nada servía. Todo eso me volvía loco, hasta que un día ella misma me habló de manera tan tajante que me hizo darme cuenta de la realidad; viéndome a los ojos, apuntándome con el dedo y casi gritándome dijo: "¡NUNCA VOY A VOLVER CONTIGO. HAGAS LO QUE HAGAS, NUNCA, NUNCA, NUNCA VAMOS A VOLVER, SE ACABÓ, FINITO, THE GAME IS OVER!", y me siguió repitiendo eso varias veces más. Me provocó un coraje tremendo y un dolor que me taladró el corazón; no obstante me sirvió para entender que tenía que aceptarlo y hacerme el ánimo porque si no me iba a llevar la fregada. Fue raro ver cómo, en cuanto acepté que se había acabado, empecé a sentirme mejor y me "desatoré" para seguir adelante. Ha habido momentos muy difíciles, he llorado mucho, me he culpado, pero ahora sí estoy yendo a una nueva terapia por propia convicción, pues sé que los ce-

94

los me hacen daño y dañan a la gente que quiero, y estoy de-
cidido a quitármelos de encima y ser una persona más sana
y madura… Lo que sí me impresionó es que, con todo y mi
coraje y mi dolor, en cuanto entendí y acepté la realidad me
sentí mucho más en paz, como liberado de algo. Ahora sé
que la vida sigue y quiero disfrutarla al máximo.

ÓSCAR

Antes de proponerte algunas herramientas para dejar ir las expectativas, quiero hacer una diferenciación entre la esperanza, los sueños y las expectativas.

La esperanza es un estado interno de absoluta confianza y, relacionándola específicamente con una experiencia de pérdida, se refiere a esa profunda certeza de que esto pasará, de que sanará tu herida, que podrás sobrevivir, que a fin de cuentas todo es para bien. Aun en los momentos más difíciles de tu proceso de duelo, la esperanza está ahí, como un bálsamo que te consuela y ayuda a levantarte una y otra vez para seguir adelante. Proviene de tu esencia, de tu parte sabia, de tu ser interno luminoso, invencible y perfecto.

Los sueños son tus metas, las fantasías que construye tu alma para empujarte a cumplir el propósito por el cual estás aquí; te las muestra llenas de luz, de color, de gratas emociones y sensaciones para que te sientas fuertemente impulsado a hacerlas realidad.

"Tan alto como pueda llegar, tanto como pueda hacer, todo lo que pueda lograr… depende de mí", decía un póster que vi hace muchos años, el cual mostraba una bailarina de ballet con unos bellísimos tonos de luz. Esa frase dejó una enorme impresión en mi vida y motivó mucho mi confianza en que realizar mis sueños dependía de mí y, por lo tanto, podría lograrlos.

Los sueños, entonces, tienen que ver contigo mismo, pero las expectativas tienen que ver con otros o con ciertas circunstancias que no están bajo tu control. Dicho de otra forma, necesitas que otro quiera, decida y haga determinadas cosas o que las circunstancias se presenten de determinada forma para que se cumpla tu deseo, por lo que su realización no depende de ti.

Por eso es tan desgastante tener expectativas, por eso hacen sufrir y hay que dejarlas ir; hacerlo es un acto de respeto al libre albedrío del otro, a su derecho de tomar sus decisiones y a su libertad para elegir cómo quiere relacionarse contigo. Además es un acto sabio de respeto por el flujo natural de la vida, una forma de entender que por algo están sucediendo las cosas así, aunque no te guste y no lo puedas comprender conscientemente.

Por lo tanto, ¡no dejes ir la esperanza!, ¡no dejes ir tus sueños!, pero por tu propia paz, *¡deja ir tus expectativas!*

Por supuesto, ante la muerte de un ser querido, no se presentan expectativas de que vuelva la persona, ya que no hay posibilidades de su regreso ni vuelta atrás; lo definitivo de la pérdida es claro y tajante. Pero pueden darse otro tipo de expectativas, en otras áreas, como esperas que ahora la familia se acerque más o que tal persona te dé su apoyo, aunque como lo señalamos con anterioridad, eso no depende de ti, y por lo tanto no tienes control sobre ello.

Rituales para "dejar ir". Ya antes te comenté que en terapia llamamos rituales al conjunto de acciones, símbolos y expresiones verbales o escritas congruentes entre sí que usamos con el objetivo de provocar cambios reales y permanentes a niveles muy profundos.

Ritual con los cuatro elementos: en este ritual, que a mí me encanta, usaremos los símbolos de los cuatro elementos que, en diferentes estados y combinaciones, conforman todo lo que existe en este hermoso planeta en el que vivimos. Estos cuatro elementos son: fuego, agua, aire y tierra, y los utilizaremos como símbolos de la siguiente forma:

El fuego lo usaremos como símbolo de los sentimientos de ira y culpa relacionados con la pérdida (hablamos de ellos en los capítulos 3 y 6, respectivamente).

El agua la utilizaremos como símbolo de los sentimientos de dolor, tristeza y el llanto asociados con la pérdida (mencionados en el Capítulo 5).

El aire lo emplearemos como símbolo de los procesos mentales, como son los pensamientos, recuerdos y diálogo interno, relacionados con la pérdida.

La tierra la usaremos como símbolo de las acciones que hemos realizado para intentar modificar lo no modificable y recuperar lo no recuperable en nuestra experiencia de pérdida.

La idea básica de este ritual es que uses los cuatro elementos, pero como te lo mencioné en capítulos anteriores, la forma que a continuación te propongo no es una receta de cocina que debes seguir literalmente; usa tu imaginación, tu creatividad y tu intuición.

El primer paso es que escribas algo en una hoja en blanco. Para dejarlo muy claro, pondré un ejemplo: supongamos que tu pérdida se trata de una ruptura de tu relación de pareja; entonces, puedes escribir algo como esto:

> *Yo* (tu nombre completo), *el día de hoy* (la fecha) *dejo ir, libero, suelto, todas mis expectativas con respecto a que* (el nombre completo de la persona y luego desglosa o especifica tus expectativas):

- regrese y quiera seguir siendo mi pareja
- deje a su nueva pareja y se convenza de que yo valgo más
- me llame el día de mi cumpleaños
- sepa que nadie lo(a) amará como yo
- me extrañe muchísimo
- y yo nos encontremos en el antro los fines de semana

- me vea y piense que soy la más hermosa (el más guapo) y que fue un(a) tonto(a) al dejarme
- se ponga celoso(a) cuando sepa que salí con alguien
- sufra cuando me recuerde

y cualquier otra expectativa que tenga con relación a … (el nombre), consciente o inconscientemente y en todos los planos.

(El nombre), *honro, bendigo y respeto tu libre albedrío y te dejo libre para ser y hacer lo que tú decidas. Te agradezco todo lo que me diste, lo que aprendí contigo, te bendigo, te dejo ir y me quedo en paz.*

(Por último, escribe tu nombre y firma.)

Necesitas tres copias del texto en hojas normales y una en un trozo de papel de china (o alguno así de delgado, después te diré el porqué).

Aquí usé un ejemplo de pérdida de una pareja, pero ajusta tu escrito a cualquiera que sea el tipo de tu pérdida y las expectativas que tengas al respecto.

El segundo paso consiste en lo siguiente: vas a trabajar ahora con el elemento *fuego*. Necesitarás hacerlo al aire libre (el campo, tu jardín, tu patio) y tener obviamente cerillos y un recipiente de barro o metal. Toma una de las hojas con el texto que escribiste en el primer paso, enfócate, respira profundo, relájate y con "todo tu ser" lee en voz alta lo que está escrito.

Luego de leerlo, mete la hoja en el recipiente, enciéndela y deja que se queme. En éste, como en los siguientes pasos con los demás elementos, si te dan ganas de llorar, hazlo, déjate fluir, expresa lo que desees expresar, piensa lo que desees pensar, y haz todo lo que quieras hacer. Agradécele al fuego. Una vez que se termine de quemar, espera a que se enfríe el recipiente o tómalo con algo que evite que te quemes y coloca las cenizas amorosamente en la tierra de una planta o de un árbol; las cenizas le servirán de alimento a las plantas y a través del fuego transmutarás algo "insano" en un nutrimento para un ser vivo.

El *tercer paso* será trabajar con el *agua*. Si estás en un lugar donde hay un río, lago o mar, excelente. Si no, el simple inodoro de tu baño te servirá. Toma otra de las hojas con el texto, y léelo igual que lo hiciste con el fuego. Después, rómpelo y arrójalo al agua (el papel no contamina el río, lago o mar). Si lo arrojaste al inodoro, acciona la palanca para que se vaya. Agradécele al agua.

El *cuarto paso* consistirá en trabajar con el *aire*. Para esto necesitarás estar al aire libre y tener un globo de gas, de esos que venden en las ferias o se usan para las fiestas y que puedes conseguir con facilidad. Toma el trozo de papel "de china" con el texto escrito y léelo en voz alta. Luego, amárralo en la punta del hilo del globo y suéltalo; obsérvalo elevarse cada vez más, hasta que lo pierdas de vista. Agradécele al aire. El papel normal es más pesado y no permitirá elevarse libremente al globo, por eso te recomiendo papel delgado.

El quinto paso consiste en trabajar con la *tierra*. Necesitas estar en un lugar donde haya tierra para que puedas hacer un hoyo en ella (el campo o un jardín, no una maceta). Haz un agujero en la tierra, toma la última hoja con el texto escrito y léelo; luego rómpelo y entiérralo dentro de ese agujero. Agradécele a la tierra.

Es muy importante que hagas cada uno de estos pasos con respeto, gratitud y amor, no con desprecio o despecho. Puedes cambiar el orden de los pasos, puedes hacerlo todo en un día o en el transcurso de varios días.

Algunas personas piensan que dejar ir es un error porque "tal vez iba a volver, tal vez las cosas iban a cambiar", pero si así ha de suceder, dejar ir, ayuda a que se cierre ese ciclo y reinicie la relación o la situación en otro nivel, uno más maduro y elevado. Recuerda esa sabia y conocida frase de un autor anónimo: "Si amas algo déjalo libre. Si regresa es tuyo, si no, nunca lo fue".

Rituales con el mar: en lo personal siento una enorme fascinación por el mar. Él, como todo en la naturaleza, tiene un alma, un espíritu, una fuerza, una vida. Existen muchas formas de trabajar con el mar y aquí te comentaré mis favoritas:

- Párate en la playa, de frente al mar, salúdalo, obsérvalo, háblale; explícale que vas a trabajar con él y pídele que te ayude. Toma un palito y escribe en la arena lo que quieres dejar ir, por ejemplo: dolor, resentimiento, miedo a enamorarte, culpa, expectativas respecto de... o, incluso, el nombre de la persona que quieres "soltar". Luego espera a que llegue una ola y "se lo lleve" borrándolo todo. Vuelve a escribir lo que quieras y cuantas veces quieras. Si necesitas llorar, hazlo; déjate fluir. Al final, agradécele al mar.

- Escoge un símbolo que represente eso que quieres dejar ir, por ejemplo una piedra, una flor, una esfera, un palito, o lo que tú sientas adecuado. Luego, expresando algunas afirmaciones en voz alta, como: "dejo ir todo mi resentimiento y mi dolor con respecto a...", arroja al mar ese símbolo, entrégaselo para que él se haga cargo. Por favor, ten mucho cuidado de que ese símbolo no sea de un material que contamine el mar, como metal, hielo seco, plástico o cualquier cosa sintética; elige algo que no contamine.

- Párate en la playa, de frente al mar, ahí donde las olas apenas mojan tus pies. Cierra los ojos. Respira profundo. Imagina que pintas de un determinado color el sentimiento y/o las expectativas que están almacenadas en ti. Ahora, comienza a soltarlo por las plantas de tus pies, drenándolo por ahí e imaginando que las olas que mojan tus pies se lo llevan. También, puedes hacerlo sentado, imaginando que el color sale por tus glúteos o tu cóccix (el último hueso de tu columna vertebral).

- Escribe una carta de despedida a tus expectativas, a la persona o a los sentimientos que quieres dejar ir. Recuerda que es muy importante hacerlo con amor, porque sólo lo que dejas ir con amor se va realmente. Acuérdate de agradecer todas las enseñanzas, lo que recibiste, ¡siempre hay tanto que agradecer! Luego, lee la carta, haz un hoyo en la arena, métela en él y quémala. Después tapa las cenizas con más arena y déjala ahí. El mar se encargará de llevársela cuando suba la marea.

4. Otras herramientas para sanar

Por fortuna, existe una buena variedad de opciones para ayudarte a sanar tu duelo; éstas no se excluyen unas a otras, sino que se complementan, ya que cada una trabaja en distintos niveles, de manera tal que, además de utilizar una o todas las herramientas que te he propuesto hasta aquí, puedes apoyarte en las siguientes:

- Reiki: es una antigua, profunda y eficaz técnica en la cual el terapeuta funge sólo como un canal, como un instrumento para traer al paciente energía de vida, energía espiritual para sanar y equilibrar sus emociones, su cuerpo y su mente.

• Flores de Bach: esta terapia natural propuesta por el doctor Edward Bach consiste en mezclar las esencias de determinadas flores para preparar una fórmula específica para cada caso. Las flores de Bach trabajan en un nivel muy profundo para lograr el equilibrio de los diversos estados emocionales y es una alternativa natural y muy efectiva. Muchos homeópatas o psicoterapeutas las manejan y te las pueden proporcionar.

• Meditación: existen diversas formas y estilos de meditación, pero en general consiste en tomarte unos minutos en los que te aíslas de tus actividades, te relajas y te *contactas* con tu ser interno, ahí donde está todo el potencial de cambio y curación. En la actualidad están disponibles casetes o discos compactos con meditaciones guiadas, y seguramente en tu ciudad encontrarás cursos o grupos de meditación a los que te puedes integrar. Deepak Chopra afirma que la verdadera meditación consiste simplemente en quedarse quieto, sólo estando, siendo, y hacerlo durante unos veinte o treinta minutos diarios.

• Oración: la oración en sí misma no es específicamente religiosa ni le pertenece a ninguna religión en particular. Es un medio de contacto con lo Superior, con lo Divino que está dentro y fuera de ti.

Consiste en la expresión, en voz alta o baja, de ciertas plegarias dirigidas a un Ser Superior, como cada quien lo llame o lo conciba, desde el cual emanan todos los dones, la paz, la curación, las soluciones. Desde mi punto de vista, hay otras formas de oración, como la contemplación y apreciación de lo bello de la naturaleza, del arte, de la vida; la gratitud por todo y hacia todo; la evocación de la Luz o los actos de amor y el trabajo.

- Homeopatía: desarrollada por el doctor Samuel Hahnemann, consiste en la ingestión de ciertas sustancias que curan los estados mentales, emocionales y físicos. Es una medicina alternativa que puede serte muy eficaz en el tratamiento de estados emocionales y mentales relacionados con tu proceso de duelo.

- Ejercicio físico: está más que comprobada su eficacia para ayudar a mantener la salud física y el equilibrio emocional debido a que, gracias a él, el cerebro produce ciertas sustancias llamadas endorfinas que proporcionan un estado de bienestar y alegría; asimismo, el ejercicio baja los niveles de cortisol y noradrenalina, que son las hormonas del estrés.

- Psicoterapia: es una valiosa herramienta de apoyo a lo largo de tu proceso de duelo. Existen diversas corrientes de psicoterapia y cada una tiene sus propias formas, técnicas y estilos; de acuerdo con el tipo de persona y su caso, será mejor una u otra corriente. Lo que te recomiendo, más que buscar un determinado estilo de psicoterapia, es que encuentres UN BUEN PSICOTERAPEUTA; yo lo plantearía así: lo que ayuda es el psicoterapeuta, no la psicoterapia. Pregúntale a tu médico de confianza para que te recomiende a alguien o a un amigo o familiar que haya recibido psicoterapia y haya quedado satisfecho y obtenido resultados positivos.

• Formar un grupo de apoyo: éstos existen en todo el mundo y su eficacia está comprobada. Se conforma de personas que están viviendo una misma problemática, por ejemplo: alcohólicos, víctimas de abuso sexual o violencia intrafamiliar, jóvenes con trastornos alimentarios como anorexia o bulimia, fumadores, etcétera. El grupo se reúne una o más veces por semana y tiene establecidas ciertas normas, bases, principios filosóficos y acuerdos que garantizan su buen funcionamiento. Si quieres formar un grupo de apoyo para jóvenes que hayan vivido o estén viviendo una experiencia de pérdida, *contacta* con un psicoterapeuta confiable y preparado en terapia de grupo para que los guíe. Si sientes el deseo de hacer realidad esto, ¡adelante! Confía en que la vida te va a ayudar a realizarlo y en que serás el medio para influir positivamente en la vida de muchos jóvenes.

CONCLUSIÓN

"Hay un tiempo para reír y un tiempo para llorar, un tiempo para descansar y un tiempo para trabajar, un tiempo para dormir y un tiempo para despertar [...]", dijo alguna vez el sabio maestro Jesús.

Se debe saber cuándo es momento para cada cosa, para cada sentimiento, para cada acto, para cada experiencia, porque la vida da muchas vueltas, va y viene, y en su constante fluir nos acerca y nos aleja de personas, aprendizajes, cosas, situaciones. Las pérdidas son parte de la vida y debemos aceptarlas y vivirlas; pero por cada pérdida viene algo que la sustituye, como una flor que al marchitarse y morir le da paso a otra que la sigue, nueva y hermosa, perpetuando la belleza y la vida de la planta.

Las flores no se resisten a marchitarse cuando es su momento, los frutos no se resisten a caer para convertirse en alimento, la semilla no se resiste a morir para convertirse en árbol, la luna no se resiste a dejarle el paso al sol para que llegue el día, ni el sol a dejarle el paso a la luna para que llegue la noche. Todo en la naturaleza fluye armoniosamente, suavemente, siendo lo que es, en el momento en que le corresponde ser.

Aprendamos de la naturaleza a fluir, a aceptar, a ser, para que, como ella, seamos capaces de crear esa indescriptible belleza, abundancia y amor.

MENSAJE FINAL

Hemos llegado al final del camino. La vida te abre sus puertas y te ofrece regalos inimaginables, regalos que te mereces; sólo ábrele tus brazos de par en par, porque aunque es inevitable que te dé momentos difíciles, también es inevitable que te dé momentos gloriosos. No tengas miedo de los tiempos difíciles, acuérdate que pasan, y cuando lleguen déjalos estar, aprende la lección que te traen, envuélvete en su misterio para que encuentres el tesoro que albergan en lo profundo.

Recuerda siempre cuánto vales, que eres luminoso y sabio y que tus errores no te hacen menos valioso, sólo te avisan que hay cambios que hacer, lecciones que aprender y decisiones que tomar. Lo que realmente eres es sólo luz y perfección; lo demás son cáscaras, nubarrones que tapan tu luz, los cuales es posible remover para dejarla salir.

No creas cuando escuchas que los jóvenes de ahora "están mal". Ustedes, jóvenes de hoy, ¡son maravillosos!

Cada generación de adultos critica a los jóvenes y supone que "en sus tiempos era mejor". Los padres de quienes ahora somos padres decían lo mismo de nosotros, y también los padres de nuestros abuelos. Es la famosa "brecha generacional" que impulsa a los adultos a descalificar a los jóvenes.

Ustedes, jóvenes de hoy, tienen fuertes retos que vencer, y todo el potencial para hacerlo.

Yo te agradezco que me hayas permitido entrar a tu vida a través de este libro y deseo, CON TODO MI SER, haberte sido útil.

marthaaliciachavez@yahoo.com.mx

Todo pasa... y esto también pasará de Martha Alicia Chavéz
se terminó de imprimir en julio 2017 en
los talleres de
Master Copy, S. A. de C. V.
Plásticos #84 Local 2 ala sur,
Fraccionamiento Industrial Alce Blanco,
Naucalpan de Juárez, Estado de México,
C.P. 53370